풀타임

실천시선 224

풀타임

2014년 9월 19일 1판 1쇄 찍음
2014년 9월 26일 1판 1쇄 펴냄

지은이 임성용
펴낸이 김남일
편집 이호석, 박성아, 이승한
디자인 김현주
관리·영업 김태일, 박윤혜

펴낸곳 (주)실천문학
등록 10-1221호(1995.10.26)
주소 서울특별시 마포구 월드컵로10길 48 501호(서교동, 동궁빌딩)
전화 322-2161~5
팩스 322-2166
홈페이지 www.silcheon.com

ISBN 978-89-392-2224-3 03810

이 도서의 국립중앙도서관 출판시도서목록(CIP)은 e-CIP홈페이지(http://www.nl.go.kr/ecip)와
국가자료공동목록시스템(http://www.nl.go.kr/kolisnet)에서 이용하실 수 있습니다.
(CIP제어번호:CIP2014027172)

실천시선 224

풀타임

임성용

실천문학사

차례

제1부

제3부

제4부

제1부

기계의 눈

밤낮으로 돌아가던 기계가 섰다
망가진 회전축을 뜯어 베어링을 꺼냈다
기름 범벅으로 끈끈하게 엉겨 붙은 쇠구슬들
알알이 박힌 기계의 몸통을 빠져나와
검게 마모된 동공을 열었다
떼구루루, 한 개의 눈알이 굴러떨어졌다
숨죽인 눈동자를 장갑으로 깨끗하게 닦아주었다
그때, 헐떡거리던 내 눈 속에서
용수철처럼 튀어나온 하얀 쇠구슬들
은빛 쟁쟁한 눈을 번득 떴다
죽어 눈감지 못한 수많은 눈동자들이
깨진 창문 틈에서 한 줄기 빛으로 어른거렸다
멈추려야 멈출 수 없는 기계의 눈들이
단단하고 차갑게 내 눈을 찔러왔다

김말굽 씨의 가방 하나

김말굽 씨, 잠들어 있다
한낮 침침한 가을볕을 깔아놓고
목과 사지가 달아난 짐승의 뱃가죽
시커멓게 털이 뽑힌 가방 하나 베고 누워 있다
가방의 베개 속에는 말굽 씨의 고향 언덕배기에서 따 온
한 소쿠리 구절초 꽃잎이 말라가는지
위액이 묻은 흰 빛깔을 금방이라도 토해낼 것 같다
뜬구름 따라 재빨리 지나가는 구월이 가을을 몰고 와서
턱수염에 잠긴 말굽 씨, 둔기 같은 얼굴에 구절초 피고
늑골이 부러진 몸통에는 홍각처럼 손발이 돋았다
가늘고 움직임이 없는 근육이 느슨한 뿌리들
손쉽게 뽑아내면 흐물거리는 내장까지 끌려 나올 듯
삼백예순날을 끓여도 향긋한 냄새 한 모금 우려낼 수 없다
이 가을, 아무도 자신을 통째로 캐내거나 뜯어 가지 못하도록
말라빠진 몸의 껍질을 벗겨 점차 탁본이 되어가는 김말굽 씨

코

도금 공장에서 십 년을 일한 형이
코에 구멍이 뚫려 돌아왔다
중금속중독이라는 진단이 내려졌다
부리부리한 눈을 타고 오뚝하게 솟은 코뼈 속에
수십 개의 작은 구멍이 뚫렸다
형은 냄새를 맡지 못하고 입맛도 밥맛도 잃었다
머리통이 터질 듯이 아프다고 했다
콧대가 내려앉아 사지가 쑤시고 떨린다고 했다

꼭지처럼 형을 꿰고 있는 코에서
윤기를 잃고 가뿐가뿐 숨을 쉬는 콧구멍에서
촉촉하게 반짝이는 숨결이 차츰 썩어갔다
형은 코를 벌리고 누렇게 흐르는 농을 닦아내며
골방에서 코뼈가 녹아내리기를 기다렸다
물 위에 뜬 물고기처럼 뻐끔뻐끔 방 안을 맴돌았다
형은 죽기 전까지 이불로 얼굴을 뒤집어쓰고 있었으므로
나는 끝내 형이 숨겨놓은 늠름한 코를 보지 못했다

코끼리

코끼리 두 마리쯤 되는 기계를
각목으로 끼워서 밀고 밧줄로 끌어당겼다
무쇠 발바닥이 굴러간 흔적을 따라
우리는 조심조심 걸어갔다
닥치는 대로 무엇이든 먹어치우는 톱니바퀴를 벌리고
언제라도 콧김을 내뿜고 폭발할지 모르는 배 속으로
숙련공 몇 사람이 절벅절벅 기어 들어갔다
노란색으로 그어진 기계의 동선 밖에서
시운전을 알리는 비상벨의 명령
일 초에 한 번씩 숨을 멈추는 호흡
일 분에 서른 번씩 밟아대는 발판
최단 거리의 동선과 시간당 생산량을 확인하고
불량으로 밀린 시간은 제외시켰다
교대 시간, 청소하는 시간, 밥 먹는 시간,
커피 마시고 오줌 싸고 남은 여분의 휴식 시간까지
정확히 계산해서 녀석의 조련사에게 알려주었다
작업을 마치고 우리가 책임져야 할 불량품들이 잔뜩 쌓

였다

우리의 노동으로는 도저히 녀석을 먹여 살릴 수 없었다

그는 필요 이상으로 거대한 동물이었다

위험한 기술자

공작기계들이 질서 정연하게 서 있다
몸통 한구석에 컴퓨터를 내장하고
정보처리 회로가 지시하는 대로
어떤 형상이든 한 치의 오차 없이 가공한다

이십 년, 삼십 년 선반을 돌리고
기름 묻은 레버를 눈 감고 조작하는 숙련공이라도
이제 그의 두뇌는 쓸모가 없다
마이크로칩 하나면 충분하다

장갑을 끼고 보안경을 쓰고
기계에 기대거나 밤새 피곤에 지친 사람들은
매우 귀찮은 존재들이다
그들은 걸핏하면 팔뚝이 말려들고
터져버린 눈알을 돌려달라며 생떼를 부린다
그들의 손과 발과 눈에 센서를 달아놓고
기계가 그들을 감시하고 지령하는 게 나을지도 모른다

노련한 선반공이란 다시 말해
모너터를 무시하는 위험한 기술자다

풀타임

친구들은 대부분 감옥에 수감되었다
농민도 노동자도
엔지니어도 화이트칼라도 함께 갇혔다
장사꾼도 청년들도
수감 생활에 적응하고 저항을 포기했다
체념이란 총칼보다 무섭고 세금보다 무겁지만
때론 고픈 배를 채워주는 상한 음식처럼 시큼한 것
친구들은
왕성하게 발기된 희망을 섞어 트럼프 놀이를 하고 있다
조마조마하지만 불안정한 미래는 늘 조커처럼 숨어 있다
다행히 무기형으로 감형된 나는 더 이상 이력서를 쓰지 않는다

그렇게 풀타임 정규직이 되고 싶은가?
그렇게 그들의 완전한 가족이 되고 싶은가?

나에게 남은 것은 집단적으로 구제를 거부하는

폭동처럼 격렬한 희망뿐

노동 거부 운동

자본주의를 빨리 없애려면
노동자가 노동을 하지 말아야 한다고
이 선언을 강조한 사람은 용접공이며 시인이다
노동은 그의 몸에 매달린 끈질긴 치욕이지만
문화생활자인 그는 노동을 하지 않아도
좀처럼 굶어 죽지 않는다
놀고 싶을 때 놀고 일하고 싶을 때 일하고
밥 먹고 싶을 때 밥을 먹는 그는 즐겁다
모차르트 음악을 듣고 때로는 전시회 관람을 하고
성서와 신간 서적을 읽으며 골똘히 시를 쓰는 그에게
가끔씩 늘어지게 늦잠을 자는 자유야말로
가족이나 국가를 생각하는 것보다 더 중대한 소득이다
그의 가장 큰 덕목은 가장 적게 일하고 가장 많이 노는 것
그가 몸소 실천하는 일생의 가장 소박한 신념은
인간이 절대 아이를 낳지 말아야 한다는 것
그러니까 노동자를 재생산하지 말아야 한다는 그의 주
장에

나는 그런 황당한 논리가 어딨냐고 따졌다가
요즘 들어 그의 서글픈 선언을 믿기로 했다
어제, 나는 기꺼이 잘렸다

불나비

쇠를 치는 망치 소리 쇠를 자르는 기계 소리
쇠를 녹이고 갈고 다듬는 소리의 틈바구니에서
귀마개를 뚫고 고막을 찢는 악다구니 속에서
쇠의 심장이 생긴다 쇠의 핏줄이 돋아난다
튼튼하고 강고한 쇠의 뼈와 살갗을 뚫고
튀어 오르는 불꽃, 홀로 춤추는 불꽃
성급하게 타올라 냉혹하게 식어가는 불꽃들
숨 막히는 떨림을 순식간에 태워버린 향기는
공장 뒷마당 깨진 창문 밖으로 빠져나가
모가지가 잘린 쥐똥나무 잎으로 피어나기도 했다
밤이 깊어 희뿌연 새벽에 날개를 달고
붉게 충혈된 잎들은 슬그머니 창문을 넘어왔다
단팥빵과 우유 한 개, 아직도 세 시간 반이 남았다
눈앞의 사람들이 자꾸만 멀어지고 멀어지고
어지럽게 흔들리며 사라지고 사라지고
흐릿한 얼굴들을 억지로 끌고 가는 어깨 위에
꾸벅 졸며 떨어지는 그림자 위에

식은 손등을 밟고 눈곱과 하품을 물고
서로의 죽음을 서로 먼저 불사르는 불나비 떼
한 줌 회오리를 일으키며 결사적으로 날아드는
저 숨결, 파드득!

푸른 악수

악수는 가장 흔하고 편한 인사다
억세기도 하고 반갑기도 하고
꼿꼿하기도 하고 굽실거리기도 한다
일하면서 장갑을 낀 손으로 악수를 건네면
건방진 놈이라고 욕을 먹기도 한다
그럴 때는 차라리 누가 악수를 청해도
피식 웃고 대가리를 까딱 숙이는 게 낫다
인사 하나에도 버르장머리를 따지고
고작 손바닥 위에 명예를 올려놓다니
그들에겐 당장 코를 박아버리거나
귀를 잡아 뜯거나 뺨을 후려쳐도 좋다
그런 노골적인 인사법이 훨씬 인간적이다
솔직히 주둥이를 맞추는 인사는
달콤하지만 어쩐지 야비하게 느껴진다
아프도록 가슴 떨리던 어느 이른 봄날
공장 먼지 낀 창문 사이로 잎사귀를 내민 오동나무
오, 그 연둣빛 손을 잡고 나는 얼마나 울고 싶었던가

오동잎이 한 잎 나에게 손을 내어 뻗을 때까지
얼마나 오랫동안 창문을 기웃거리고 수줍어했을까
나는 아직도 푸르게 너울거리는 그 악수를 잊지 못한다

트럭

나는 5톤 트럭을 몰고 네 시간 반을 달려왔다
2톤 이상은 과적이다
과적보다 무거운 것은
갑자기 눈발처럼 쏟아지는 잠의 중량

달랑 내 몸 하나 들어가 누울 운전석 뒷자리에
밧줄에서 풀린 잠을 잠시 누인다
베개를 깔고 동잠바를 덮어주고
잠의 살결이 스펀지처럼 가벼워질 때까지
나는 그녀의 보드라운 젖을 만진다
그녀는 내가 지칠 만하면
지방질이 물컹 빠진 젖의 꼭지를
내 메마른 입술에 꼭 한 번씩 물려준다

밤 깊은 고속도로 휴게소,
배식대를 빠져나온 나를 닮은 사내들이
그녀의 젖에서 흘러나온 구수하고 따끈한 숭늉을 마신다

고장 난 후미등에 매달린 이빨들이
함부로 열리지 않도록
이쑤시개를 물고 단단하게 잠긴 입술들

아직 갈 길은 먼데
트럭 위에는 벌써 한 짐 가득 눈이 쌓였다

웃음의 꼬리

웃음에도 계급성이 있다는 말에
동의한다 나는 아주 비굴하게
쩔쩔매는 웃음을 웃고 있다
넘치는 아부에도 죽으라면 죽는 시늉에도
덕지덕지 발효된 웃음의 냄새가 난다
노동의 배후에는 웃음이 숨어 있다
손이 발이 되게 발이 손이 되게
싹싹한 웃음을 배우지 못한 노동자는
폐기물이다 강아지가 꼬리를 내리고
살살 기듯 태생적으로 꼬리가 없는 나는
내가 흔들 수 있는 꼬리가 웃음이라는 것을
안다 값비싼 가죽 장화처럼 번들거리는
미치도록 즐겁게 웃는 웃음의 생산자들은
웃음을 공평하게 분배해주지 않았다
등골을 타고 싸늘하게 번지는 웃음소리
저 은밀하고도 치명적인 웃음을 폭식하고
웃으며 웃으며, 올가미처럼 결박당한 웃음이

세상에서 가장 아름다운 상품으로 포장된다

연탄구이집에서

연탄구이집에서
고기를 굽는다
불판이 뜨겁게 달아올라
맹렬한 불길을 일으킨다

시뻘건 생고기들이
어쩌면 이렇게 빨리 익을까
고기를 뒤집던 친구는
그 이유가 몹시도 궁금했다
그래서 자신의 손을
연탄 화덕에다 넣고 구워보았다
잠깐 동안에 살점이 익었고
그는 전치 4주의 화상을 입었다

사실 오래전부터 그는
노동으로 굳은 손바닥을 태웠다
숯검정이 되도록

그대로 뼈를 씹어 삼키도록
하지만 한입에 그것을 먹어치운 사람들은
아무도 배불리 먹었다고 말하지 않았다
손과 발을 전부 잘라 주고
머리와 몸통을 통째로 발라내어
불판 위에 수북이 올려놓아도

모락모락 김이 오르는 창자를 움켜쥐고
그 친구가 그만 눈을 감으려는 순간,
기름 묻은 수많은 젓가락들이 달려들어
순식간에 그의 눈알을 도려냈다
혓바닥을 뽑아버렸다
왁자지껄 사람들이 들어찬 연탄구이집에서
더 이상 떼어줄 살점이 없는 그는
마지막 영혼을 불에 구워야겠다고
손바닥에 겹겹이 감은 붕대를 풀었다

텅 빈 울림

파이프를 잘라 동그란 구멍을 본다
깊고 어두운 구멍으로 하늘이 보인다
파문도 없이 물결이 흘러가듯
터벅터벅 걸어가는 너의 뒷모습이 보인다
하늘을 짊어진 너는 등이 참 푸르구나
파이프와 파이프를 연결하고
눈앞에서 멀어지는 너를 본다
용접이 끝난 파이프를 만지듯
너의 등은 오래도록 따뜻하였다

갑자기 흐린 날, 바람이 불고
비어 있는 파이프 통로를 따라 너는 걸어온다
거세게 물살 치던 여름 장맛비도
눈앞을 가로막던 캄캄한 눈보라도
길게 뚫린 구멍 하나 채우지 못하고
너와 나는 이 길에서 다시 만난다
만나면 언제나 똑같은 직경으로 연결된다

가슴을 치는 공명의 신호음으로
텅텅, 파이프가 울린다

수입검사 김 과장

김 과장은 언제나 불만이 그득하다
까만 뿔테 안경을 벗어 든 그는
샘플을 꺼내는 손이 정말 귀신이다
내경이 한쪽으로 먹었네?
연마똥이 개똥처럼 달라붙었구먼?
그는 단박에 불량 등록 딱지를 붙인다

열처리 가열로처럼 달아오른 내 울화통은
도저히 김 과장의 지랄통을 당해낼 수 없다
선별장에는 가공 라인에서 밀려난 불량품들이
폐기, 반품, 교환, 수정 꼬리표를 달고 쌓여 있지만
내 눈은 아무래도 버려야 할 것들과
고쳐 써야 할 것들을 구분하지 못한다

완전무결한 정품은 세상 어디에도 없다
나는 폐기통 속에 버려진 제품들을 꺼내본다
폐기와 반품, 교환과 수정이라는 식별에 몰두한다

버려야 할 것과 고쳐야 할 것이 뒤섞인 검사에서는
끝내 단 하나의 제품도 통과하지 못한다
내 손으로 도면을 새로 만들고
내가 직접 생산을 통제하는 게 상책이다

근로자복지아파트

구로공단의 본래 이름은 구로수출공단이다
저임금 노동자의 피를 수출한 산업화의 전진기지
누님도 형도 누이도 모두 그곳 출신이다
군대에서 제대한 내가 밸브 공장에 발을 들여놓았을 때
수출의 깃발은 이미 노동자의 함성으로 들끓었다
나는 공단 외에는 마땅히 갈 곳이 없었다
회로기판 납땜 공장에 다니던 누이는
명동성당에서 농성을 벌이다 팔이 부러졌다
누이는 근로자복지아파트에 살고 있었는데
그곳은 나이 어린 누이들의 집단 기숙사였다
퇴원한 누이를 찾아간 날, 근로자복지아파트 앞에서
나는 무엇인가 잘못된 글자를 보고 말았다
근로자복지아파트의 ㄱ 자가 떨어져 있었던 것이다
흔히 상스러운 낙서로만 떠돌던 비속한 말이
대한민국 수출 공단 여성 노동자들의 기숙사 간판에
칠이 벗겨진 채 삐뚤하게 걸려 있었다
생산 2과 명찰을 새긴 누이의 작업복은 푸르고 고왔으나

누이와 우동을 먹으며 자꾸만 끊어진 면발이 목젖에 감겼다
지금은 그 이름마저 사라진 구로공단에 가면
나는 여전히 지울 수 없는 낱말 한 자를 건져 올린다

돌아보니 그가 없었다

돌아보니 그가 없었다
그가 서 있던 자리에
소리 없이 바람이 지나갔다
햇볕이 내려앉았다
타다 만 용접봉이 그대로 있고
스패너와 볼트는 움직이지 않았다
나는 그의 얼굴을 보지 못했다
분주하게 오가는 그의 머리만 보았다
머리통 하나가 떨어지는 것을
누가 똑바로 세어보고 기록해놓았을까
목을 베어 몸통은 버리고
머리만 궤짝에 담아 소금이라도 뿌렸을까
돌아보면 아무도 없는 허공
아스라이 굴러다니는 머리들
도무지 몇 개인지 모를 머리의 개수들
허리 굽혀 하루 종일 몸에 복종하는
그를 얼핏 돌아보니 그가 없었다

그의 머리는 벌써 지상으로 낙하 중이었다
돌아보지 마라 퍼억, 터지듯 주저앉지 마라
망치와 못의 머리도 때가 되면 몸을 버리나니
해가 진 자리마다 굵은 빗방울이 떨어진다

바이올린을 켜는 노동자

주조 공장 쇳물에 손가락이 빠졌다
미끼처럼 접착이 떨어진 손가락 두 개
피의 맛을 모르는 불길이 핏방울을 삼켰다
흐물거리는 주물 속에서
손가락은 손톱 밑에 낀 기름때를 지우고
움푹, 팬 구멍 밖으로 기어 나왔다

원형 그대로 굳은 손가락 마디마디는
무엇보다 망치를 내려치기 좋게 만들어졌다
오래전에 직립의 꿈을 실현한 발이
손에게 자유를 얻어 오라고 망치를 잡게 했지만
망치는 닳고 닳아 녹물을 흘리고 버려졌다
그러나 쇠보다는 살이 더 강한 것
손가락은 스스로 닳아 없어지지 않는다
금형에서 금방 찍어낸 제품처럼 살아 있다

그 손가락의 주인은 기타리스트였다

등나무 아래, 손가락을 잃어버린 장갑이 비를 맞고 있다
이제는 어느 멀쩡한 손가락이 와서
그가 두고 간 기타를 연주하고 노래를 불러줄 것인가
오늘 밤에도 예술의 전당에서는 음악회가 열리고
바이올린을 켜는 희고 고운 손가락들
품위 있는 시간을 사려고 음악을 감상하러 가는 사람들
그들 가족은 모두가 신성한 악보가 달린 귀를 가지고 있다

그렇다면 애초에 누가 가르쳤던가
망치와 바이올린은 어울리지 않는다고
만일 공장에서 바이올린을 켜는 노동자가 있다면
망치는 바이올린을 능히 지배할 수 있을 것이다
펄펄 끓는 용해로에 바이올린을 잡은 손가락을 내던지고
작업장 벽에 바이올린의 허리를 못질할 것이다
나는 바이올린을 켜는 노동자의 연주회를 위하여
망치의 선율에 따라 기계를 세우고
선명하게 주조된 손가락을 깎아내고 있다

제2부

달

공장은 숯막처럼 어두웠다
어깨 너머 퀭한 달이 얼굴을 내밀었다

늦은 밤,
주물 속에서 달을 퍼 담았다
한 줄기 목숨을 태워 보내며
나날이 근력이 소진하는 손발이 덜덜 떨리도록
딱정벌레처럼 엎드려 달을 건져 올렸다

꺼내자마자 식어버린 달의 물방울들
그는 자신의 몸을 들어 형틀에 쏟아붓는다
달이 멎는다

이른 새벽,
하늘에서도 그가 낳은 자식들이
달의 미끄럼틀을 타고 주르륵 흘러내렸다

모자

집은 내가 눌러쓴 모자 같다
주말이면
나는 멀찍이 벗어놓은 집으로 간다
갈 때마다 모자는 헐겁다
모자 속에서는
내가 돌보지 못한 아이들이 놀고 있다
아내는
가족들이 함께 쓰고 다닐 추억을
못으로 박아달라고 부탁했다
나는 몇 번인가 못질을 해봤지만
내가 살고 있는 집의 주인은 따로 있다
월 이십만 원짜리 임대아파트
나라에서 너그럽게 빌려준 모자는
옛 장군의 동상, 투구처럼
한번 쓰면 쉽게 벗어던질 수 없다
함부로 못질을 하기엔
옹벽이 너무 튼튼하다

저 동상의 모자를 절대 벗겨낼 수 없듯이
나는 이미 신체의 일부로 굳어버린 모자를
가장 딱딱한 머리에서부터 깨뜨려야 한다
내 모자는 아직 투구가 되지 못했다

흘림

가락시장 공중화장실에 적힌 안내문
수도 동파 방지용 물흘림 중입니다!

내 늘어진 꼭지에서도 줄줄
아직 동파되지 않은 물이
샌다, 잠가도 잠기지 않는 고장 난 밸브
가늘게 새는 것들 넘치는 것들 모이고 모여
바짓가랑이에 끈끈한 흔적을 남긴다

시장 난전 흙바람은 회오리쳐 불어오는 중
쓰레기 더미 고양이들은 먹이를 구하는 중
화물차는 뜨거운 엔진을 풀고 짐을 내리는 중
하역 노조 사내들은 술을 마시는 중
장사꾼들은 싸우고 소리치고 뛰어가는 중
소방차는 정신없이 달려가고 사이렌은 울리는 중
무료 급식소 노숙인들은 국밥을 떠먹는 중
부스러기 햇살은 빛나는 중

단 일분일초의 정지도 없이 상념도 없이
나는 열심히 숨을 쉬고 있는 중
흐르고 넘쳐 콸콸 치솟아 오를 때까지
모두가 지금, 흘림 중

거머리

머리가 없는 거머리는 입과 몸만으로도
얼마든지 피를 빨 수 있는 동물이다
흡반의 감각이야말로 거머리가 가진 노동의 전부다
거머리에게는 어떻게든 먹고살아야 한다는
지극히 단순한 욕망이 노동의 출발이다
노동에 대한 보상은 노동의 환상이다
피가 끓는 욕망과 환상의 힘이 거머리를 움직인다

희한하게도 배가 터져 죽으나 굶어 죽으나
모든 짐승의 입과 항문은 하나의 통로로 뚫려 있다
수없이 많은 거머리의 숙주들이 기생하는
상처투성이 내 몸에는 외상보다 내상이 더 깊다
나도 역시 마비된 육신의 핏물을 남김없이 흘리고
마침내 기도가 막혀 죽을 일이다
그제야 장딴지에 달라붙은 거머리들이
시뻘겋게 벌어진 입속으로 기어들어
창자에 알을 슬고 폐와 머리통에 구멍을 내고

우글우글 항문 밖으로 쏟아져 나올 것이다

갑골문자

손톱은 살이 변한 것
이빨은 단단한 뼈가 변한 것

이빨은 배를 채우기 위한 도구라서
손톱보다 공격적이다
살에 순응한 손톱은 살을 보호하기 위해 방어적이다
우리는 항시 공격과 방어를 견디며 살아간다
살이라는 가죽을 보라, 그것이 거추장스럽지만
살은 피를 담고 있는 가장 안전한 마대 자루
우리는 그 뜨거운 생명을 흘리거나 빼앗기지 않으려고
밤낮으로 이빨을 갈고 손톱을 세운다

사람이 만든 최초의 문자도
딱딱한 거북 등에 새겨놓았는데
우리들 역시 살아가는 내력을
검은 때가 낀 손톱 밑에 적고 있다
천년 사후, 누군가 그 문자를 파내

어떤 뜻으로 읽고 해석할지 알 수 없어도

먼지의 두께

먼지는 매일 두꺼워진다
오래된 먼지는 아무것도 먹지 않아도
더 오래된 먼지를 쓰고 살이 오른다

먼지의 갈피를 몇 장 넘기면
누릇누릇, 곰팡이가 피어나는 먼지의 일생
그것은 먼지 위에 꾹 눌러 찍힌
얼마든지 인쇄 가능한 활자들이다

곰곰이 내려앉아 쌓이고 쌓인 먼지는
두꺼워질수록 살이 오른 무게를 생각할 겨를이 없다
허공을 떠돌다 구석에 버려진 쓸모없는 사색 한 뭉치가
캄캄하고 고집스런 먼지로 굳어진다

아무리 쓸고 닦고 조여도
저 싸늘한 모독과 모독과 모독과 모독의
저 강고한 권리와 권리와 권리와 권리의

짓눌린 먼지들이 감전사를 일으킨다
숨도 못 쉬게 창문을 닫아걸고
저 무서운 협박과 협박과 협박과 협박의
저 더러운 공갈과 공갈과 공갈과 공갈의
두께를 알 수 없는 먼지들만 자욱하다

아담의 정원

아담, 그이는 101동에서 108동까지
우리들의 낙원을 다스리는 정원사
구부정하게 허리를 굽히고 고개 숙인 얼굴
절대 하늘을 쳐다보지 않는다
태초는 땅에 있어 땅을 향해 절을 한다
자면서도 풀리지 않을 것 같은 뒷짐을 지고
중얼 중얼 중얼, 알아들을 수 없는 말들을
끊임없이 중얼거리며 빠르게 걷는다
그이의 주문은 땅과 하늘을 위한 기도
선악도 소유도 금지된 욕망도 없다
이른 아침, 새소리가 들리기 전에 새를 부르고
이제 막 동면에 든 나무들을 깨운다
야근이 끝난 깜깜한 새벽에도
그이는 어느 발원지에서 흘러내린 물소리를
정원 구석구석에 골고루 뿌리고 다닌다
끝까지 그이의 등 뒤를 따라가면
아직도 오래된 정원이 숨어 있는

그 누구도 소재지를 알 수 없는
우리들의 푸른 평원에 닿을 것만 같다
죽어 모든 것이 퇴적물로 쌓인 하구에서
그이가 마련해둔 배를 타고
먼 바다를 노 저어 떠날 수 있으리라
그러나 아담, 나는 섬뜩 겁을 먹고 피했다
그가 가꾸는 들판이 너무 넓어 보여서
그가 끌고 가는 하늘이 끝없는 동굴 같아서
또렷하게 마주친 그이의 눈빛이
미치도록 투명하게 잘 익은 열매 같아서

나는 죽지 않았습니다*

나는 죽지 않았습니다
누가 날더러 죽었다고 이야기합니까
한여름 그 무더운 칠월의 뙤약볕 아래
서른다섯 청춘을 여기 잠시 내려놓고
나는 어디에도 없는 내 이름을 불렀습니다
아무리 불러도 아무도 대답해주지 않는
내 간절한 이름을 찾아
나는 살아 있습니다

나는 죽지 않았습니다
무엇을 위해서 이날 이때까지 내가 살아왔는지
얼마나 뜨거운 분노의 거리를 내가 달려왔는지
파업의 현장에서 노숙 농성장 길바닥에서
여전히 머리띠를 두르고
피켓을 들고
단단한 주먹으로 나는 서 있습니다

나는 죽지 않았습니다
50일이 넘게 꽁꽁 얼어붙은 냉동고에서
나는 오늘 이렇게 나의 두 발로 걸어 나왔습니다
나를 죽이고자 눈을 부릅뜬 살인자들 앞에서
내가 죽었다고 말하지 마세요
나보다 먼저 죽어간 동지들 앞에서
내 영정을 들고 한 송이 꽃을 놓지 말아주세요

나는 죽지 않았습니다
내가 지나온 길은 죽음의 길이 아닙니다
비정규직 철폐 투쟁 10년의 길입니다
대법원 판결 이행 정몽구 구속의 길입니다
저 끝없는 광야의 시간이 멎은 길
저 태양이 가리키는 빛나는 대지의 길
내가 가혹하게 사랑했던 노동자의 길입니다

나는 죽지 않았습니다

자줏빛 만장을 들고 어느 누구도 나를 찾아오지 마세요
나는 죽음으로 삶을 건너뛰지 않았습니다
정의와 승리가 피를 흘린 자리에서
환하게 웃는 사람들의 목숨이 머물던 자리에서
나는 죽어도 용서할 수 없는 자들을 용서하지 않고
죽어도 돌아오지 않는 세계를 돌아오게 할 것입니다

---

* 불법 파견 정규직화와 비정규직 철폐를 외치며 투쟁하다가 2013년 7월 15일 자결한 현대자동차 아산 공장 사내 하청 노동자 故 박정식 열사의 장례식 조시. "정식이는 죽지 않았습니다. 여러분 곁에, 정몽구의 사죄와 대법 판결 이행을 위해 싸우는 여러분 곁에 있습니다. 우리 정식이의 꿈과 희망이자 여러분의 꿈과 희망…… 끝까지 투쟁해서 꼭 이루었으면 좋겠습니다." (박정식 열사 어머니의 말씀 중에서)

무쇠 바람

짐꾼이 리어카를 끌고 일어서려다 넘어졌다
그는 낡은 리어카처럼 지쳐 있었다
그렇지만 그는 넘어진 거리만큼 앞으로 나아갔다
나는 조심스럽게 다가가 짐꾼의 리어카를 밀어주었다
무거운 짐이 실린 리어카는 꿈쩍하지 않았다
앞쪽으로 너무 많은 짐이 쏠려 있는 탓이었다
내가 뒤쪽에 올라타자 리어카는 중심을 잡았다
불안정한 수평의 힘이 비로소 짐꾼을 움직이게 했다
내가 짐이 되거나 짐꾼이 되어보면 안다
못 본 척 지나가는 것도 가만히 길을 비켜주는 것도
리어카를 방해하지 않는 것만큼이나 고마운 일이다
한 걸음, 한 걸음, 등 뒤에서 커다란 무쇠 바람이 굴러왔다

그늘을 옮기다

어둑어둑 그늘이 내린다
찌푸린 어둠 한쪽을 어금니로 베어낸 그늘이
희끗희끗 사라지는 구름 속으로 빨려든다
얼굴을 감싸고 아무것도 없는 하늘 가운데
누군가 구겨진 얼굴을 찢어 뿌려놓은 별들이
파랗게 타올라 매캐한 냄새가 난다
재가 되어 공중으로 번져가는 그늘 아래
내 그림자가 누워 있었다

숨을 쉬어봐, 어때?
아무리 멱살을 잡고 흔들어도
한동안 정신을 잃어버린 그림자는 움직이지 않았다
가지를 모두 잃은 가로수가 허약한 허리를 굽혀
발목 밑에 떨어진 몇 잎의 그늘을 쓸어 담아
조금 더 안전한 모퉁이로 옮겨놓았다
나는 축 늘어진 그늘을 부축하려 했으나
그늘 속에 몸을 감춘 내 그림자의 손이 잡히지 않았다

좀체 열리지 않던 하늘의 문이 열리고
벌어진 문틈으로 아직 타지 않은 별들이 빠져나갔다

그늘의 안쪽에 갇혀
내 창백한 그림자는 그늘의 바깥쪽으로 탈출하지 못했다
절벅거리며 그늘을 옮기며, 나는 내 그림자를 밟고 걸어
왔다
조금씩 닳아 없어지는 그늘의 바깥에서
안을 전혀 들여다보지 못한 음흉한 그림자들이
뚜렷한 형체를 드러내고 몰려들었다
그들은 늘 불확실한 주검을 확실하게 부검하려고 왔다

아나고

아나고는 우리말로 붕장어다. 회로도 먹고 구워서도 먹는다.

고대구로병원 정형외과 병동에서 손과 발을 다친 환자들은 아나고를 열심히 먹었다. 뭉개진 뼈를 빨리 아물게 한다고, 부실한 아랫도리 힘 쓰는 데 좋다고, 아내도 아나고 회를 한 접시 가져왔다.

하얀 살과 뼈를 으득으득 씹으며, 초장에 찍은 회를 병상에 누운 사람들에게 나누어주며, 나는 아나고가 왜 아나고인지 그 이유를 설명해주었다.

전라도 남광주 역전시장에 가면 붕장어를 파는 생선 장수 아줌마가 있었지. 일찍이 과부가 된 그녀는 얼굴이 반반했고, 이놈 저놈 찝쩍대는 수컷들이 좀 많았겠어. 그래도 눈 하나 깜짝하지 않던 그녀가 웬일인지 어리바리한 순둥이 총각 하나를 꼬드겼더랬지.

어느 날 저녁인가, 둘이서 겸상을 해서 말이지. 가게 안

방에서 붕장어를 먹다가 발로 슬쩍 상을 밀치고, 그녀는 덥석 총각을 덮쳤겠다. 화들짝 놀란 총각은 얼레, 바지춤이 벗겨질 때까지 뜨거운 콧김을 훅훅, 몰아쉬다가는 정신없이 밖으로 뛰쳐나가버렸어. 그녀는 도망가는 그 총각 뒤를 맨발로 쫓아가며 고래고래 소리를 치는 거였어.

야, 이놈아! 안 하고 가? 안 하고 가?

그때부터 이 붕장어가 아나고가 되었다고, 내가 아무리 안 하고가 왜 아나고인지 입에 침을 튀겨도 흰 붕대를 손발에 칭칭 감은 사람들은 배꼽이 빠져라 그저 웃기만 하는 거였다. 그 바람에 멀쩡한 손을 놔두고 수술한 손으로 침상을 치고 웃던 사람 하나는 뼈에 박아놓은 고정핀이 빠져 초장처럼 붉은 피가 줄줄 새어 나오는 거였다.

살아 있는 설화(說話)

—애기 무덤

1

강원도 소양강 상류에 있는 애기봉 자락, 그곳 며느리고개 애기 무덤에는 비원 서린 설화 한 토막이 묻혀 있다.

휴전이 되고 이태 후라던가, 고개 어귀의 주막 강나루에서 사공 서넛이 술추렴을 하고 있었다. 짧은 겨울 해가 쥐꼬리만치 남은 해거름에 웬 산발한 여인이 주막에 나타났다. 그 여인은 미친 여자였고, 등 뒤에는 갓 두어 달 지난 애기가 업혀 있었다. 밥 좀 줘요, 배고파요. 누가 우리 애기 젖 좀 먹여줘요. 그 말을 들은 한 사공이 이보오, 고갯마루 서낭당에 가면 떡도 있고 과실도 있고 고기도 술도 많으이. 배가 고픈 여인은 의심 없이 고개를 올랐다. 고갯길 어중에서 사공은 금수같이 여인을 범하였다.

초승달 소슬한 밤, 주막에 홀연 그 여인이 나타났다. 여인의 등에는 모가지가 덜컹 잘린 핏덩어리 애기가 업혀 있었다. 아줌니, 혹시 울 애기 못 보셨어요? 울 애기 못 보셨어요? 여인은 몸뚱이만 남은 애기를 업고 강나루 쪽으로

허청허청 걸어갔다.

그로부터 며칠 후라던가, 강에서는 애기 시체 하나가 떠올랐다. 마을 사람들은 양지 녘에 애기 무덤을 만들어주고 후일에 그 고개를 며느리고개라 불렀다.

2

애기봉 철책 사단 수색대 1소대장은 괴팍한 신병 훈련으로 악명을 떨쳤다.

그는 소대에 신병이 전입해 오면 용기백배한 군인 정신 무장을 위해서 공포의 담력 테스트를 시켰다. 자정 넘어 이슥한 야밤에 신병을 깨워 며느리고개의 내력을 들려주고, 일 분 이내로 뛰어가 애기 모가지를 찾아온다. 실시!

고참들은 스키 파카로 하얗게 위장을 하고 고개목에 숨어 있다가 헐레벌떡 달려가는 신병을 갑자기 넘어뜨렸다. 이놈아, 울 애기 목 내놓아라. 어서 울 애기 목 내놔라! 어떤 이등병은 그러다 까무러치기도 했다고 한다.

3

자동차 부품 공장에서 나와 함께 밀링을 하던 노정수라는 친구가 있었다.

입사 당시, 이제 막 하사관 말뚝을 뽑고 나온 그는 야근할 때 누가 기계 앞에서 졸기라도 하면 모가지를 붙잡고 대뜸 이렇게 큰 소리로 외쳤다.

이놈아, 목 내놓아라. 어서 피 묻은 목 내놔라!

비둘기

새 한 마리 날아와 달리는 차창에 부딪혔다
날아오르다 부러진 날개를
깃털이 뽑힌 매끈한 등을 물끄러미 바라보았다
새는 무엇을 찾아 황급히 이 어두운 새벽길을 나선 것일까
암흑의 기억을 물고 시위를 떠난 화살처럼 솟구쳤을까

감지 못한 눈에는 피가 고여 있다
어지럽게 살아 있는 바람도 손길을 내밀어
딱딱하게 굳어지는 새의 혀를 만져본다
육탈된 새의 머리는 가볍다
부리는 뾰쪽하게 굽은 자신의 발가락을 닮았다

날카로운 모서리에 찍힌 안개를 쪼아대며
코스모스의 흰 이빨들이 구구구구, 강변에서 수런거렸다
다리 난간에서 이제 막 눈뜬 햇살을 물고
비둘기들이 날아올랐다

장날 오후

1

늙은 사내는 비료 포대처럼 해진 등짝을 짊어졌다
그의 등 뒤에 서린 그림자를 밟고
자그만 아이 하나가 막대사탕을 물고 따라간다
촐랑촐랑 흔들리는 여린 풀잎들
느리게 기어 나온 고구마 순이 한 발 두 발
밭둑을 넘어와 머리를 쳐든다

장터까지 걸어가는 길가에
버려진 짐승의 뼈대처럼 앙상한 비닐하우스
한때는 힘센 등이 박아놓았을 뿌리 깊은 말뚝들
몇 년째 뽑아내지 않은 허연 고춧대가 마른기침을 한다
쿨럭쿨럭, 기침 소리를 따라 바람이 일어난다
면사무소가 보이는 모퉁이에서 아이가 먼저 내달려간다

2

버스 정류장을 지나 미장원을 지나
천변으로 길게 늘어선 간이음식점들
장마당에 들어선 천막 주점들이 간혹 술렁인다
주점에서는 늙은이들 몇이 순댓국을 마시고
그나마 북적이는 곳은 외국인 전용 호프집이다
그들은 인근 공단에서 일하는 이주 노동자들이다

족편과 머리 고기 안주를 남겨두고
나무 탁자에 탁배기를 놓고 일어서는 내국인들
허파와 간과 오소리감투를 외국인 노동자들도 잘 먹는다
천변 다리 아래 팔려 가지 못한 닭들이 울고
늙은 사내를 따라온 아이는 빨간 머리핀을 꽂고
팔랑팔랑 혼자서 다리를 건너갔다
누가 악이라도 쓰다 멈춘 것처럼 파장이 오고
일시에 깃털처럼 가벼워진 해가 설핏 졌다

대파밭에서

겨울 눈밭에
대파들이 총총하다
허리까지 잠긴 눈 더미를 뚫고
휘몰아치는 칼끝 바람을 뚫고
꼿꼿하게 차오르는 맥박,
푸르디푸른 오기가 선연하다
저 산맥을 넘어 멀고 먼 동토의 나라에서
한낱 들판의 잡풀로만 자라고 있을 대파 꽃
그 맵고 끈끈한 향기가 머리맡을 더듬고
주먹을 쥐었다 펴면, 꽃잎도 없이 흩어지는
구멍 숭숭 뚫린 한 움큼의 시절들
겨울이 오기까지 너는 무엇을 견디며 살아왔느냐
대파밭에 눈이 내리고 또 쌓이고
속이 텅 빈 것들, 그래서 살아 있는 것들
새파랗게 뜬 생의 기력이 뿌리 끝까지 시들면
매끈한 속살 드러내고 가지런히 돌아눕기 전에
겨울, 대파밭으로 와서 총총 언 발로 서 있어야 한다

저마다 품은 주먹을 꺼내 강고한 울음으로
얼어붙은 제 몸의 빛깔을 확인해야 한다
차디찬 빈 속으로 일제히 기립하는 대파 줄기들
어지러워라, 문득 배 속이 투명해지는 저녁이다

그럼에도 또 그럼에도

그럼에도 악랄한 세월이 흐르고 있소
그럼에도 그 어떤 저주도 반성도 없이 사람들이 살고 있소
그럼에도 또 그럼에도 기만을 찬양하는 무리들은 끄떡 없소
그럼에도 수십만 촛불은 사라지고 4대강 물줄기는 막혀 버렸소
그럼에도 한미 FTA는 종적이 없고 독재자의 딸은 대통령이 되었소
그럼에도 부정한 국가권력은 부정한 방법으로 선거를 하고 있소
그럼에도 또 그럼에도 무서운 망각이 더 무서운 망각을 부르고 있소
그럼에도 어젯밤에 흰서리 사륵사륵 내리고
그럼에도 길거리 천막에서 한 노동자가 단식을 하고 있소
그럼에도 또 그럼에도 쫓겨난 노동자들은 철탑 위에 둥지를 틀었소
그럼에도 투쟁, 투쟁은 영광이요 상처요

그럼에도 투쟁, 투쟁은 당신이요 당신의 목숨이요
그럼에도 또 그럼에도 투쟁은 당신이 고스란히 적혀 있는 선언이오
오랫동안 투쟁의 노트를 읽으며 투쟁의 슬픔을 긍정하기까지
몸 둘 바 모르는 사람들은 어느 온유한 이불 속에 잠들어 계신가
그럼에도 투쟁, 투쟁하다 쓸쓸하게 먼저 죽어간 사람
그럼에도 또 그럼에도 정말 외롭게 살해당한 사람
그들이 지금 저 앙상한 나뭇가지 끝에 생선가시처럼 떨고 있소
그럼에도 아귀 바람은 더 세차게 불고 흰서리 사륵사륵 내리고 있소

제3부

돌아오라, 노래여

고속으로 회전하는 숫돌의 힘에
손목의 힘이 부딪친다
부딪쳐 은빛으로 반짝이는 소리들

쇠가 쇠를 단련시키기 위해서는
이글거리는 불길에 담금질해야 한다
숫돌에 날을 갈아 세워야 한다

바이트를 깎아 연마기에 갈면서
거듭거듭 쇠를 잘라내면서
쇠와 숫돌 사이에
날카로운 바이트 끝에
파르르, 떨리는 노래를 듣는다

불꽃 파편들이 튀어 올라
귀청을 찢고
마침내 돌아오라, 노래여

서쪽으로

우리는 아주 짧은 시간을 기어가고 있다
오랜만에 해가 지는 베란다 마루에서
당신과 나는 좁은 어깨를 서로 맞대고 앉아
한두 겹씩 벗어던진 헌옷처럼
우리 곁을 주섬주섬 떠나간 사람들을 생각하고
점차 막막한 눈에 어둡게 번지는 햇살을 바라본다
햇살의 붉은 집이 문을 닫는 하늘 끝, 서쪽으로
다투어 철시하는 구름들 무늬마다 의문스런 부호들
당신이 맨 처음 내 손을 잡고 웃던 그날부터
지금 말 한마디 없는 이 긴 목마름이 오기까지
우리에겐 선혈 낭자한 꿈이 없어 좋았다
다만 굶주린 밥을 먹듯 무작정 살을 섞고 나면
축축한 입김으로 고인 시간은 마룻바닥에 젖어들고
당신은 늘 하던 습관대로 걸레질을 한다
나는 벌레집같이 돌돌 옹송그린 몸을 풀어
하룻밤, 서쪽으로 몰려드는 어둠의 수면에 잠긴다
이제 우리는 말 한마디 없이 꿈틀거리며 살 수 있다

부리

부리는 딱딱하다
너무 딱딱해서 입술이라고 부르지 않는다
새의 혀도 마찬가지다
사람의 혓바닥처럼 부드럽지 않고
뱀의 혓바닥처럼 차갑지도 않다
자국을 남기는 이빨을 버렸으므로
새들은 딱딱한 혀를 움직여 노래한다
탐욕도 폭식도 없다
살기도 독기도 없다
부드러운 혀로는 감히 흉내 낼 수 없는
천상의 노래는
입에서 나오는 것이 아니다
쪼고 또 쪼아 벽돌 조각 같은 부리
닳고 닳아 쇳조각 같은 혀가 저렇게 아름답다
내 단단한 부리 끝에 흐느낌이 물려 있는
저녁 어스름, 쪽창문 나뭇가지에 귀를 걸어두면
누군가 부르다 만 노래 한 구절이 이명처럼 울린다

자작나무

우리 집은 자작나무 한 그루와 함께 산다
복도식 계단 맨 끄트머리, 햇살 좋은 곳
손을 내어 뻗으면 바로 닿을 듯한 거리에
단단하게 여윈 자작나무는 서 있고
희고 매끈한 그 살결이 꿈만 같았다

무성하고 푸른 잎들이 펄럭거리는 날엔
함경도나 백두산 어디 빼곡한 밀림을 헤매고
앙상한 가지만 남은 날에는 뼈까지 굶주린 말을 타고
장총을 멘 사내와 함께 허허벌판으로 달려 나갔다
어둠 속에 눈이 쌓이고 또 쌓이는 겨울이면
유난히도 눈매가 고운 북방 시인의 자작나무를 생각하다가
그 숲에서 눈을 감은 어떤 사내의 얼굴을 떠올렸다

바람이 그친 이슥한 밤이던가
어둔 하늘귀에서 풀려나온 달빛이 자작나무를 꿰고 지

나갔다
나는 쓰러질 듯 몸을 뉘인 자작나무를 보며
울컥 밀려오는 한 모금 울음을 흘렸다
아직은 뿌리가 약한 자작나무를 바로 세우고
내가 사랑하는 사람들을 위해 밤새 기도했다
그러자, 무수히 떨리는 씨앗들을 단추처럼 매단 가지 하
나가
몸살을 하듯 나에게로 기울어졌다

나는 자작나무의 흰옷을 입고
그의 창백하고 싸늘한 손을 잡았다
부끄럼도 없는 알몸으로 나와 간통하게 된 자작나무는
다소곳이 흔들리는 그림자로 내 앞에서 서성거렸다
그렇게 겨울이 가고 봄이 와도 견결한 자작나무,
그는 나를 쉽게 이별하지 못하고
어디로든 마음 놓고 옮겨 갈 수 없는 거처를 슬퍼할 뿐

나는 비로소 자작나무와 헤어질 준비를 하면서
내가 그를 막연하게 사랑했던 것보다
그가 나를 끔찍이도 사랑했다는 것을 알았다
내가 세상의 어느 변방에서 떠돌다
다시는 그의 곁으로 돌아갈 수 없을지라도
자작나무는 정한 모습 그대로
오래도록 나를 기다리며 눈비를 맞고 서 있을 것이다

누님의 가실

야야,
가실 같지 않은 가실이다야
거둘 것도 없는 가실이 무어 가실이다냐
저 누런 들에 저 누런 콩잎도
바람을 타서만 그러겠느냐
닭 모가지 백 이백 삼백 박스를 자르고
걸어 휘젓 집으로 돌아가는
식은 밥통같이 쭈그러든 길
만날 털이 뽑혀 펄펄 데우지 않아도
하늘은 누런 살등으로 타는구나
야야,
소식이 너무 궁금하다야
—천천히 살아라
왠지 너를 생각하면 가슴이 미어진다야
몹시나 보고 싶구나
야야, 행복하여라

버찌가 익을 때

하루 종일 비가 내리고
우리는 언제쯤 죽을 수 있을까
돌아누우며 나는 밖을 향해 물었다
축축하게 빗물이 드는 유리창을 향해
무슨 색깔의 잎사귀를 달고 있었는지
도무지 기억이 없는 나무들을 향해
힘들게 살면 빨리 죽는 거야
미동도 없이 바짝 말라가는 당신이
겨우 몸을 뒤척이며 대답했다
분명 살아 있을 거야, 싹이 나오잖아
누렇게 죽어가는 선인장에게
화분에서 썩고 있는 양파 껍질에게
맞아, 힘들게 살면 빨리 죽는 게 맞아
그만큼 위험에 노출되기 쉽고
매일매일 죽어야 할 일도 많고
그러니 행여 다른 꿈은 꾸지 마
언젠가 내가 당신보다 먼저 죽겠다고 말하자

누구 맘대로? 그것만은 절대 양보할 수 없다고
불같이 화를 내던 당신, 입술이 터져
내 젖은 입술을 까맣게 물들였다

대성연탄공장 굴뚝

먼 산맥을 빠져나온 열차가 푸욱 푸욱,
도심 복판을 가로질러 거친 숨소리를 내뿜고 멈춰 섰다
열차를 끌고 온 사람은 아버지였다
아버지는 사십 년 전 겨울, 돈을 벌어 오겠다며 탄광으로 떠났다

염(殮)을 마치고 체액처럼 끈끈한 밤이었다
싸늘하게 식은 아궁이 속에서 불탄 유골을 헤집고
부스스 부스스, 매운 연기가 피어올랐다
가쁜 숨을 한 줌도 걸어내지 못하고 진득거리는 밤안개
우리 식구들은 물컹물컹 흐르는 안개의 속살을 파먹고
달아오른 식욕으로 펄펄 끓는 혓바닥을 너울, 너울거렸다

나는 고분이 되어버린 그 방에서 연탄가스를 마시며 살아왔다
시시각각 육박해오는 임종을 앞두고 아련하게 달려오는 기적 소리

열차의 등허리에 산을 이루고 쌓인 것은 아버지의 무덤이었다
검고, 검고, 검게, 그을린 얼굴들이 나뭇잎처럼
누가 누구인지 모르게 짓이겨진 손목들이 나뭇잎처럼
철로 변 야적장에서 회오리바람을 타고 흩날렸다
석탄 더미 풀밭에서 풀잎들이 파릇파릇 피어났다
나는 아버지의 살점을 한 삽 퍼 올려
울렁거리며 연기를 내뿜는 대성연탄공장 굴뚝 밑에 묻어주었다

어머니의 방

가을볕은 짧다
콩 타작을 반도 못했는데
노을이 수수 모가지에 걸렸다
도리깨질이 서툰 어머니
아무리 쳐도 헛매질이다
돌아가신 아버지는 잘도 돌렸는데
튀는 콩을 주워 담으며
워따메, 잘 좀 치쇼
기운껏 때리면 뭐가 남아난답디여
잔소리도 한 망태기 퍼붓더니
살아 깍지에 낀 물컷처럼 속 썩은 일뿐이고
죽어도 아쉬운 거 하나 없드만
그래도 옹삭시런 그 기운 조금이라도 주고 가시지
자글박진 얼굴 옷소매로 훔치며
후유, 늙을수록 웬 땀이 이리 나지야
방 안으로 들어와 물 한 대접 맛나게 들이켜고
갑자기 방바닥에 가래침을 뱉었다

아니, 어무니! 왜 방에다가 침을 뱉어요?
에잉? 여기가 방이었다냐? 난 마당인 줄 알었다
깜짝 놀란 어머니,
걸레로 얼른 가래침을 닦아냈다
방이 마당이고 마당이 방이던
방바닥에 마당의 흙이 고스란히 묻어 있던
어머니의 방, 어머니의 마당
이러고 사는 게 호강이제 별거 있다냐
풀뿌리처럼 나긋나긋한 말씀조차
그대로 흙투성이 밭으로 변한 지 오래
잡풀 우거진 집터에는 하루아침에 된서리가 내렸다

방아깨비의 노래

아부지는 술독에 빠져 살았다.
쟁기를 논물에 처박아두고
단오 지나 울타리 대추나무가 시집을 가도록 모를 내지 않았다.

저 썩을 놈의 인사가 사람이 아니라 웬수여 웬수!
맨발, 동동동동

동네방네 사정으로 놉을 얻어 모를 심는 엄니, 울 엄니
못밥을 이고 진등뫼 똥산등 넘어가면서
누군들 풀어주기만 해봐라, 콱 모가지를 틀어불 것이여
술에 취한 아부지를 감나무에다 꽁꽁, 묶어두었다.

내 몸통보다 두 배나 큰 감나무
옴짝달싹 못하고 새끼줄로 손발이 동여매진 아부지
소 거름에서 흘러나온 똥물에 옷이 잠방 젖었다.
아이말다, 이것 좀 얼른 끌러주라아

감나무 그늘이 돼지막 뒤로 넘어가버린 한낮
학교에서 파한 나는 책가방을 평상에 던져놓고
슬그머니, 새끼줄을 풀어주었다.

이런 호랭이가 물어 죽일 놈!
못밥 그릇을 이고 돌아온 엄니는 대나무 작대기를 들고
내 등짝을 사정없이 후려쳤다.
쨍쨍, 매미 소리처럼 울며 나는 집 밖으로 쫓겨났다.

덧고개 산밭 갈참나무 그늘에서
아부지는 흥얼흥얼 잠들어 있었다.
나는 풀밭에서 방아깨비를 잡고 놀았다.
다리가 붙잡힌 방아깨비는 앞으로 펄쩍, 뛰어가고 싶어
방아를 찧었다. 동동동동
나는 아부지 팔을 베고 누워 아부지랑 같이
풀빛처럼 곤한 잠에 빠져들었다.

모진 꿈

꿈 하나 있어
얼음송곳 끝에 매달린 물방울 하나 있어

나는 보았네
언제 떨어질지 모르는 그 투명한 떨림을

모진 꿈이 더 모진 꿈을 부르고 있어
모진 슬픔이 더 모진 슬픔을 데려오고 있어

나는 보았네
그대가 스스로 매듭을 묶은
달무리 진 올가미가 흔들리는 것을
나는 보았네
그대가 마지막까지 바라본 하늘을
그대가 마지막까지 바라본 세상을
아니, 나는 보지 못했네
마지막까지 나를 바라본 그대의 눈빛을

그대의 모진 꿈이 사라지는 동안
나는 차마 모진 꿈조차 꾸지 못했네

백학

백학,
아름다운 이름이다
백학,
열 번 스무 번 눈부시게 불러보고 싶은 이름이다

백학에 산다는 그이
연천군 백학면에 빈 농가 하나 얻어 산다는 그이
면계를 따라 흐르는 임진강이 휴전선 철책을 넘나드는 석양
포말처럼 부서진 전장에서는 백학이 운다 하네
아무도 돌아오지 않는 세월을 물고 와 깃털을 떨군다 하네
새들은 훨훨 산 너머 마을에 울음을 묻고
인적 없는 국도 변 눈 쌓인 들판으로
강을 건너온 바람 소리만
차디찬 침묵만

쇠가죽 공장에 다닌다는 그이

늘 시커먼 장갑을 벗고 쉰다섯 피곤을 털고 돌아오네
가없는 허공에 외롭게 번져가는 무늬로
백학은 날아가고 날아오고
하늘 땅 어디에도 한 마리 백학처럼
가볍게 죽은 자는 없네

저 멀리 강변에서
백학의 날개를 벗어난 은빛 안개 떼가
산등성이 쪽으로 스멀스멀 기어오르는 저녁

실연은 없다

이건 말이야, 어쩌면 비밀이 아닌 비밀인지도 몰라
날마다 실연의 상실감으로 시큰둥한 하루하루
자고 나면 건조한 콧구멍에 딱지처럼 붙어 있는 외로움이랄까
걸핏하면 피멍만 들고 한 방울의 피도 흐르지 않는 슬픔이랄까
뭐 그런 하찮은 푸념들을 질겅질겅 씹다가 목이 막혀
켁, 켁, 쓴물 단물 다 빠지고 죽도록 싫증이 나거든
내가 알고 있는 은밀한 알바 사이트에 한번 들어가봐
일단 거기 들어가면 아직은 솜털이 보드라운
아이돌 가수를 닮은 남자애들이 너를, 너를 버린 애인보다 더
너를, 다정하게 바라보고 즐거운 시간을 좀 팔아달라고 할 거야
물론 시간당 3만 원을 지불해야 하지만 그게 부담스럽다면
아예 3개월짜리 단기 계약 연애를 할 수도 있어, 좋아
매너 좋고 뒤끝 없이 깔끔하고 언제나 최선을 다해 너를

오로지 너만을 즐겁게 해주는 애인이 이 세상에 어디 있어
그만하면 저렴한 가격이지, 외로운 누님들 연락주세요
더구나 본능적으로 네가 헤어지자는 말을 꺼내기도 전에
항시 네가 먼저 버림받을지도 모른다는 것에 대한 두려움
그런 오줌 마려운 불안과 오래된 생리대 같은 찝찝함도 없잖아
그러니 얼마나 좋아, 서로 사랑하고 사랑받는 느낌이 들도록
정말로 사랑할 필요가 없으니 애초부터 너에게 실연은 없는 것
이제부터 아침 점심 저녁, 꼬박꼬박 밥이라도 챙겨 먹고 살아라

노인자살예방센터

향년 칠십칠 세를 일기로 그녀는 죽었다.

가슴에 심어놓은 뭔가의 원한이 있었는지는 몰라도 스스로 목을 매 죽은 사람들은 이를 앙다물고 부르르, 떠는 듯한 모습이었다.

금방이라도 입을 크게 벌리고 피가래를 내뱉을 것만 같은 진저리 친 죽음에는 얼음처럼 차갑게 냉각된 푸른 빛깔의 종양이 멍울멍울 맺혀 있었다.

그녀는 그 푸르스름한 멍울마저 한 톨의 밥알로 꼭꼭 씹어 소화시키고 마지막 트림을 했다.

그녀의 다소곳한 자연사를 위해서 틈틈이 그녀의 집을 방문하고 간략한 육체와 명료한 심리에 대한 상담을 해주던 노인자살예방센터 직원 두 사람이 그녀의 시신을 거두려고 왔다.

훌륭하게 임무를 완수한 검은색 양복을 입은 그들은 무척이나 안심한 표정으로 그녀의 가족 노릇을 했다. 민첩하게 구급차를 부르고 사망 시간과 장소를 기록하고 그녀가 남긴 물건들을 종이 상자에 담았다. 칠십칠 년을 수습하고 유품을 정리하는 데는 채 한 시간도 걸리지 않았다.

그녀의 유골은 시립 화장장에서 태워졌다.

다행히도 무연고 묘지에 버려지지 않은 것은 그녀가 자살예방센터에 등록된 회원이었기 때문이다.

친절하게 찾아와 말을 걸어주고 관리 카드를 작성해 가는 사회복지 전공자들은 미연에 그녀의 자살을 예방하는 일에 비교적 최선을 다했다.

만약 그녀가 매달 그들에게 일정 정도의 위탁금을 지급하고 가족이 되어줄 것을 부탁했더라면 그들은 기꺼이 계약을 체결하고 그녀의 아들이나 딸, 며느리가 되어주었을 것이다.

그녀가 죽을 때까지 성실하게 살아 있었던 이유는 자살예방센터 직원들에게 최소한의 봉사를 하고 싶었기 때문이다.

낮 열두 시

이 거리에는
당신보다 더 따뜻한 봄이 오고 갔다

아지랑이 속으로
아른아른 번져 사라져간 당신

시간의 궤도를 타고
당신을 닮은 허기진 눈빛들이 실려 갔다

손목이 등 뒤로 묶인 채
눈에 익은 축축한 눈썹들이 떨며 지나갔다

낮 열두 시,
꽉 조인 공포가 매듭을 풀고 올가미처럼 흔들렸다

오래된 시계탑에서
부러진 시곗바늘에 찍힌 인간들이 늑대가 되어 내려왔다

까욱 까욱, 더 이상 우정을 나눌 수 없어
동족의 머리를 물고 오가는 것들은 지그시 눈을 감았다

당신은 불행했다
슬프게 빛나는 눈을 가지고 있는 자들은 모두가 불행했다

시가 나를 용서케 하고

그곳 화장실은 늘 지저분했다
니기미 씨팔, 제멋대로 갈겨쓴 욕이
팔팔하고 야무진 꿈을 꾸게 하고
나는 어젯밤 그년하고 다섯 번 했다는 낙서가
더러운 성욕을 깨끗하게 씻어주는
푸세식 간이 화장실에서 시집을 읽었다
배배 꼬인 양변기가 아닌
내가 싼 똥과 내 자지와 오줌을
넉넉히 쳐다볼 수 있는 구멍에 쪼그리고 앉아
시집을 읽는 시간, 반 토막 남은 점심시간
나는 그만 책을 변기에 빠뜨렸다
시 한 편 값이 족히 백 원은 넘을 텐데
반도 읽지 못한 시들이 못내 아까웠다
책을 꺼내 들고 화장지를 풀어 똥물을 닦아냈다
냄새는 지우고 아름다운 향기만 내뿜는 시가
물렁물렁한 똥의 체험을 뒤집어쓰고
누렇게 변색된 감각으로 떠돌았다

세상이 베풀어준 모든 구원과 긍휼을
얌전한 입맛으로 받아먹고 소모한 죄
변기에서 엉덩이를 까고 보니 알겠다
나는 비로소 시를 쓴다는 것이
스스로 용서를 구하는 일이구나 싶었다

똥꽃

새해 첫날
대문을 여니
언 눈 녹지 않은 마당 뒤편에
동그랗게 망울진 똥 무더기
누군지 참으로 급했나 보다

과묵한 이 정념,
한 생애 찬란하게 피어날
사람의 향기는 무엇인가

눈을 쓸며
후미진 곳에 쭈그리고 앉은
그대의 더운 입김을 생각했다

꽉!

방세가 밀려 연탄불을 피워놓고 동반 자살한 어머니와 두 딸이 있었다.

세 모녀는 죽기 전에 입술을 꽉! 깨물었다.

한강 다리 위에서 물에 빠져 죽은 어머니와 어린 자식이 있었다.

건져 올려보니 어머니는 자식과 떨어지지 않으려고 자식의 아주 작은 손을 꽉! 움켜쥐고 있었다.

아버지가 장애를 앓는 아들을 데리고 저세상으로 먼저 떠나갔다.

아버지는 겨우 한 발짝씩 떼놓는 아들의 비틀어진 어깨를 꽉! 붙잡아주고 있었다.

제4부

억부인 국숫집

억부인 국숫집에
모처럼 억수로 많은 손님들이 들었는지라
점심 지나 아직 준비해둔 국수도 없는데
왁자지껄, 얼른 국수를 내오라는 성화인지라
막걸리에 우선 물김치를 주고
된장에 풋고추를 주고
육수를 데우면서 국수를 바삐 삶는데
이놈의 손님들 개울 앞 돌망태기 인부들인지라
퍼런 장화에 진창 황토흙이 달라붙어
식당 바닥이 온통 흙투성이 난장판인지라
그중엔 염치 있는 양반도 있어
수돗가에 대충 장화를 씻고 들어오지만
양푼 가득 절여놓은 열무에 흙물이 튀는지라
국수를 나르는 억부인 안절부절 못하고
그러거나 말거나 시원한 국수 한 그릇 훌훌 말아 먹고
아이구, 잘 먹었다! 내일두 참은 여그서 먹지 그랴?
떼 지어 장화를 털고 식당 문을 나서는 사람들

거기 가면 일이 있다

겨울이었다
구제역이 전국을 휩쓸 때였다
소읍 장마당에 할 일 없는 사람들이 모여
윷을 던지고 화투패를 만지고 놀던 날이었다
돼지를 묻으러 가면 돈을 엄청 벌 수 있대
소를 구덩이에 파묻는데 소 엉덩이를 밀어주면 삼십만 원을 준대
자네 트럭을 몰고 가자, 포클레인이 없으면 트랙터라도 끌고 가자
장비는 하루 사십만 원을 넘게 받는다네

더 몇 해 전에, 4대강 공사가 한창일 때였다
소읍에는 갑자기 활기찬 바람이 불었다
농번기가 왔어도 일깨나 할 만한 남자들은
남한강으로 모두 모래를 퍼 담으러 떠났다
보를 막고 시멘트를 붓고 둑을 쌓는 곳으로 몰려갔다
거기에는 겨울에도 일이 있고 야밤에도 일이 끊이질 않

는다네

포장마차에서 술을 마시던 사내들은 거기에서 힘쓴 일들을 자랑했다

엊그제 도강 훈련을 하던 군인들이 강물에 빠져 죽었다지

해마다 훈련하던 곳인데 강바닥이 깊게 파여 소용돌이에 휩쓸린 게지

거기 그 자리, 우리가 바로 모래를 파낸 자리가 아니었나

하도 오랫동안 만나지 못해
얼굴도 잊어먹을 고향 친구 녀석
농사도 때려치우고 공사판을 떠돌더니
돈 벌러 객지로 떠났다고 했다
아주 아랫녘, 거기 가면 아주 좋은 일거리가 있다고
밀양이라는 곳에 송전탑 세우는 일을 한다고
요새 그만한 일당에 그만한 일자리가 어딨냐고
거기 가면 일이 있다고, 꽤나 짭짤한 돈벌이가 있다고 했다.

그녀의 작은 책방

뉘엿뉘엿 날이 저무는 해거름에
나는 자유로를 타고 임진강변을 지나곤 해요
자유로휴게소 아래에는 출판단지로 가는 사잇길이 있고
단지 곳곳엔 작은 책방들이 여러 개 있어요
그중에서 첫 번째 책방은 뜨문뜨문 쉬는 날도 있지만
나는 식당에서 밥을 먹고 습관처럼 책방을 기웃거려요
책방 주인은 어서 오세요, 안녕하세요, 말 대신에
가볍게 웃는 눈인사만 살짝 건네지요
내가 고르는 책들은 인기 없는 내용들로 가득 찬 것들이고
내가 주문하거나 찾는 책들도 그곳에 없을 때가 많았지만
그녀는 절판된 책이라도 수소문해서 구해주려고 애를 쓰지요
고맙게도 그녀는 내가 모르는 비밀도 종종 알려주곤 했어요
어느 출판사 사장이 누구의 남편인데 자살을 했다거나
그 부인은 이혼을 하고 나서 두 번이나 더 결혼을 했다거나
뜻밖에도, 쌍용자동차 노동자들의 죽음을 다룬 책을 내

밀며
이 책은 너무 슬픈 거라고 눈매가 일순 커지기도 했어요
나는 그 책을 받아 들고 조금은 당황스러웠는데
마침 통유리를 뚫고 들어온 햇살이 책방을 노랗게 비추었어요
파리한 강물에는 어느새 어둠이 내리고 국경을 건너온 철새들이
주절주절 날개를 치며 갈대숲으로 날아가는 것이 보였어요

밤차를 타고

겨울이었으면
눈이 오지 않고 매운바람이 부는 저녁이었으면
언제 해가 진지도 모르게 날이 저물고
나는 밤 기차 안에서
흔들리는 차창 밖의 어둠을 바라보고 있었으면
불빛 한 점 보이지 않는 마을이 지나가고
싸늘하게 흔들리는 빈 들판이 지나가고
강물에 뿌리를 뻗어 한 몸으로 얼어붙은 갈대숲과
갈대숲 냉방에서 하룻밤을 묵고 있는 새들의 一家
내가 쓸어내린 냉가슴 차마 차갑고 아프다 말하지 말았으면

밤차는 한 마리 후줄근한 짐승처럼
남으로 남으로 달리고 또 달려
내가 도착한 곳, 그곳은
어린 내가 태어나고 자란 오래된 역전이거나
멀리 바다가 보이는 낯익은 마을이었으면

역전 마당에는 백 년도 넘은 향나무가 서 있고
그 향나무 아래 등을 기대고
언젠가는 꼭 한번 만나고 싶었던 사람이
가만히 내가 오기를 기다리고 있었으면

짧은 시간, 그 사람과 마주 앉아 차를 마시는 찻집이
나무 계단이 삐걱거리는 2층이었으면
짙푸른 바다가 바라보이는 방파제 부근이었으면
나는 그 바다로만 멀리 눈을 돌려
어느 순간 소리도 없이 그만 울어버렸으면
바다처럼 푸른 눈물이 흘러 밀려오는 파도를 밀어내고
그 사람이 살짝 잡은 내 손을 내려놓고 먼저 나가고 나면
나는 다시 밤차를 타고 바다 건너
남으로 남으로 여행을 떠났으면

돌마루 이야기

돌마루는 어디에 있나
돌고개 넘어 산중턱 저수지를 돌아 가면
눈앞 침침, 한낮에도 어둑어둑 골 깊은 골짜기
개울을 에워싼 바윗돌 틈새로
호랑이 배 속 같은 길이 열려 있어
칡넝쿨 다래넝쿨 이무기 비늘처럼 승천하는 길

돌마루는 어디에 있나
극락도 왕생도 없이 잎사귀를 모조리 뜯어 먹고
애벌레같이 고요한 눈 없는 것들만 모여서 살고 죽고
평생 꽃이 피지 않는 나무들만 길을 막아선
숲 속의 숲, 그 맨 꼭대기에 달랑 남은 집
돌마루 집에 사는 사람은 무얼 먹고 살아 있나

거기엔 나이가 몇인지도 모르는 두 노인이 산다는데
머리 검은 노파가 어머니고 머리가 흰 미치광이가 아들
이라고

돌마루를 가끔 살피고 가는 늙은 경찰관이
저수지 아래 모텔에서 순찰 카드를 찍으며 말했다
일 년에 한두 번씩 돌마루 너머 군부대 병사들이
총검을 들고 군장을 메고 돌마루 고갯길을 지나갔을 뿐

눈비가 오거나 새가 울거나 밤낮이 바뀌거나
돌마루는 도처에 까마귀 떼 떠도는 깜깜한 저승의 나라
저수지 갈대밭 갈꽃 지고 돌마루 모텔 물안개에 잠길 때
입구에는 난데없이 순찰차와 구급차가 달려왔다
어젯밤, 어젯밤에 처음 만난 묘연의 남녀가 끔찍해라
유서도 없이 끔찍해라, 늙은 경찰관은 남녀가 묵은 방에서
먹다 남은 술병과 외투와 신발 두 켤레를 들고 나왔다

목숨에 대하여

허름한 농막에서 닭을 길렀다
얼추 자란 닭을 잡아먹어야겠다고
닭의 모가지를 예리한 칼로 내리쳤다
뎅강 잘린 머리와 용을 쓰며 뿜어져 나오는 붉은 피,
나는 닭을 놓쳐버리고 말았다

다음 날, 모가지가 없는 닭이 우두커니 닭장 안에 서 있었다
나는 소름이 끼쳤지만
눈이 반쯤 감긴 머리를 텃밭에 묻어주고
몸통만 달린 닭을 보살피기 시작했다
피가 엉겨 붙은 식도를 열고 날마다 모이를 넣어주었다
먹이가 들어가자 닭은 활기를 되찾고 홰를 쳤다
발톱을 곤두세우고 땅을 마구 긁어대기도 했다
모가지가 잘렸기 때문에 마음 놓고 울지는 못했지만
다소곳이 잠도 자고 똥도 쌌다
마치 모가지가 떨어질 때처럼 이리저리 잘린 목을 휘저

으면
눈이 말똥말똥 박힌 닭들이 소스라치게 놀라 달아났다

추석 무렵, 나는 오래도록 집을 비웠고
돌아와보니 밥통이 텅 빈 닭이 널브러져 죽어 있었다
봄이면 그토록 끈질기게 오그라든 닭의 주검이 묻힌 곳에
닭의 벼슬처럼 붉디붉은 독버섯이 돋아났다
물론 사람들은 내가 모가지가 없는 닭을 사육했다는 사실을
아무도 믿어주지 않았다
그들은 죽은 목숨을 돌본 경험이 없으므로 나를 의심한다
내가 설령, 닭의 장례식 날 사람들을 초대했더라도
그들은 백숙이나 삼계탕을 얻어먹으려고 왔지
닭의 죽음을 애도하기 위해서는 절대 찾아오지 않는다

얼마 전에, 닭장을 방문하고 싶다는 사람이 있어
나는 살아 있는 닭들이 우글거리는 양계장을 알려준다

고 했다
그렇지만 그 사람이 닭장 안에 들어가 갇혀보지 않고서는
닭에 대해서 대체 무슨 말을 할 수 있단 말인가
닭을 죽인 나도 내 모가지를 잘라보지 않는 한
닭의 가느다란 목숨에 대해서 입도 뻥긋할 수 없다
하루하루 시뻘건 식도에 밥을 채우고자 발버둥 치면서
통닭이나 한 마리 시켜놓고 술잔을 건넬 뿐이다
얼큰한 취기가 오르면 잘린 모가지에서
핏덩어리 목숨이 꾸역꾸역 밀려 나올지도 모른다

행복빌라 버스 정류장

날이 흐렸다
벌써 푸성귀 같은 잎들이 지고
시내로 가는 길은 질척거렸다
행복빌라 앞, 마지막 버스가 떠나고
어른 둘과 아이 하나가 내렸다

삼거리 흙먼지가 내려앉은 길을 피해
남자는 시내 쪽으로 걸어갔다
여자가 남자를 붙잡고 팔을 잡아끌었지만
남자는 버스 정류장 기둥을 걷어차고 돌아섰다
여자의 손가방만 한 머리를 가진 아이가 넘어져서 울었다
여자는 우는 아이를 달래지도 않고
땅바닥에 주저앉아 아이보다 더 크게 울었다

나는 어느 누구의 행복도 믿지 않는다
아무도 그들에게 울지 말라고 이야기하지 않았다

차가운 꽃들이 피어 있는 공원

박쥐 떼가 후드득 날아가는 공원, 미끄럼틀 아래 저런
박쥐 새끼들만 한 아이들이 모여 찍찍, 침을 뱉는 공원
찍찍, 박쥐 새끼들처럼 찍찍거리는 아이들이 씨팔, 씨팔
아무런 이유도 없이 씨팔거리는 공원
동그랗게 피어난 담배 연기를 물고 빨강 파랑 노랑 노을이
풀어졌다 모이고 풀어졌다 모이고 종적을 감춘 무리들을 쫒아
후드득, 뒤늦게 박쥐 한 마리 날아가는 공원

일찍 담배 맛을 알아야 일찍 어른이 되는 거야, 이런
대가리에 피도 안 마른 새끼들이 주먹을 불끈 쥐는 공원
오이순만 한 손가락들이 미끄럼틀을 타고 올라 언제 주먹이 되었을까
한 달 반 만에 집에 들어온 아버지가 집에 들어가기 전에
막걸리를 네 통이나 마시고 간 공원
쑥북쑥북 자란 풀들이 무성한 풀밭을 만들고 개미집을 만들고

허리가 매끈하고 예쁜 뱀을 낳아 기르는 공원
그런데 뱀의 허리는 어디서부터 어디까지일까
머리와 꼬리를 뺀 나머지가 전부 뱀의 허리인가, 끽끽끽끽
무슨 일인지 허리를 붙잡고 허리에 매달린 난황이 끊어질 듯 웃는 아이들

꽃들은 따뜻하지가 않아, 형형색색 아무리 아름다운 꽃잎도 만져봐
봉숭아도 금잔화도 나팔꽃도 혀를 핥고 만져보면 모두 차갑지
저물녘 별꽃 달맞이꽃 울타리꽃들이 혓바닥에 고인 침처럼
탁한 이슬을 머금고 조롱(嘲弄), 조롱, 조롱
금세 화단 주변을 비아냥거리는 꽃들이 후들후들 피어 있는 공원
여전히 어둡도록 찍찍, 아이들이 쏟아놓은 침이 모래가 되어
모래의 씨앗으로 뿌려지는 공원

자정의 픽션*

키 작은 사람이 겨우 두 사람 지나갈 만한 골목길을 흐릿하게 지나가는 맨발이 보였다. 죽은 풀들이 나는 풀이라고 풀이라고, 누런 껌 종이에 싸인 딱딱한 껌처럼 자라고 있는 벽돌 틈으로 다리가 가늘고 긴, 등이 몸의 전부인, 실핏줄이 모두 드러난 그림자가 힘겹게 끌려가는 것이 보였다.

둔탁한 끌림도 없이 자그마한 흔적도 없이, 가만히 조심스러운 그 여린 자취는 꼭 속옷을 입지 않은 여인의 원피스 자락처럼 사라졌다. 나는 그녀의 음울한 흰옷과 단정하게 묶은 치렁한 뒷머리를 바라보며 벽돌과 벽돌 사이를 그녀가 지금쯤 몇 개나 건너갔을까 하는, 허공에 뜬 걸음걸이를 생각했다.

더 깊숙한 곳으로 들어가면 막다른, 더 높은 벽돌담이 마중 나와 그녀를 숨이 막히도록 끌어안고 여위어빠진 종아리를 더더 걷어 올리라고, 허벅지를 손목처럼 쥐고 마구 흔들며 깜박 들어온 외등을 꺼버렸다.

세상으로 향하는 통신이 일절 두절된 반지하, 한 평 반짜리 침묵의 틈새에서 일곱 계단을 오르고 네 계단을 돌아서면 지상으로 빠져나갈 수 있는 구멍이 보였다. 그걸 까맣게 모르는 거미들은 진흙빛 커튼이 가려진 쇠창살에 매달려 정교하고 촘촘한 집을 짓고 또 지었다.

자정 넘어, 맨발의 거미들이 가느다란 발톱으로 마침내 그녀의 흰옷을 벗겨내고 척추뼈가 거의 드러난 그녀를 꺼내 먹으려고 안간힘을 썼다. 나는 갑자기 쥐가 난 발가락을 계속 꼼지락거리며 눈을 감고 창문을 쾅, 하고 닫아버렸다. 얼마 지나지 않아 우릉우릉우릉, 멀리서 숨은 골목들이 미친 듯이 달려 나오고 거센 빗줄기가 들이쳤다. 그때, 황급히 물살을 튀기면서 정신없이 쫓겨 나가는 그녀의 맨발이 보였다.

---

* 박형서의 소설집 제목에서 따옴.

다락방 소녀

다락방에는 입이 막히던 숨소리가 살았다.

다락방에는 실 뭉치에 감긴 머리카락이 살았고 그 머리카락을 뒤집어쓴 미선이의 얼굴이 살았다. 미선이의 언니처럼 보이는 처녀가 살았다.

깜깜했던 밤이 지나고, 미선이는 성급하게 컸다. 눈매가 매실매실 고운 처녀가 되었다. 둘둘 뭉개진 이불처럼 처녀는 얼굴의 껍질이 벗겨졌다. 실핏줄을 뽑듯 원사를 뽑아 색색으로 염색을 하고 뱃가죽 같은 원단을 머리에 감았던 처녀는 머리 가죽이 찢어지면서 한쪽 귀가 떨어졌다.

미선이는 열여섯 살 때부터 다락방에 살았다.

이름을 기억하지 말라고 미선이의 아버지와 어머니는 김이라는 성만 남기고 미선이는 빼앗아 휴지통에 던져버렸다.

미선이는 흉물이 된 얼굴에 화장을 하고 머리에는 가발을 썼다. 다락방에 없는 매니큐어와 귀걸이를 샀다. 술과 담배를 손가방에 넣었다. 그때부터 미선이는 상하로 나뉜

몸과 좌우로 분리된 거추장스러운 가슴을 소중하게 감싸안지 않았다. 허물처럼 다리를 벌리고 드러눕는 걸 그다지 귀찮아하지도 않았다. 손찌검을 당하면 멍을 오랫동안 간직하고 싶어 세수를 하지도 않았다.

미선이는 다락방을 떠났다.

스물두 살인가 되던 해, 어선의 깃발이 내려다보이는 도시로 이사를 갔다. 그곳은 사람들도 많고 공장들도 많은 커다란 항구였다.

미선이는 신발 공장에 다니며 일을 했다. 신발 밑창 속에 들어가 잠을 잤다. 재봉 침 굵은 바늘에 손톱이 뚫리기도 했다. 뚫린 손톱을 가진 손가락들은 열 개가 모두 접착용 본드에 붙어버렸다. 눈꺼풀도 붙었고 눈동자도 붙었고 목소리도 붙었다. 목구멍으로 넘어가던 밥알도 붙었다.

미선이는 다시 다락방으로 돌아왔다.

다락방 계단에는 미선이를 닮은 처녀가 목을 매달고 죽

어 있었다. 미선이는 하루 반나절을 울어주었다.

다락방 아래 마당의 빨랫줄에는 미선이와 미선이의 언니 같았던 처녀의 흰 브래지어, 살구꽃 팬티, 하늘하늘한 옷들이 마르지 않고 널려 있었다.

그날은 유독 바람이 심하게 부는 날이었다. 한낮은 머리카락 속처럼 어두웠고 아무도 없는 다락방 문이 삐그덕, 열려 있었다.

개 한 마리

개 한 마리가 있었다
너구리처럼 다리가 짧고 눈이 깊고 주둥이가 헐어서
저게 개인가 싶을 정도로 볼품이 없었다
꼬리를 뒷다리 사이에 감추고 슬금슬금 눈치를 보면서
절룩절룩 발소리에도 흠칫 놀라 도망이나 다니면서
쓰레기장을 떠나지 못하고 하릴없이 맴돌고 있었다
고픈 배를 무엇으로 채울 것인지 언제까지 살아갈 것인지
그 어떤 걱정이나 아픔은 팔자라는 듯

비가 내리면 비를 맞고 아주 가끔씩은
혼곤한 생각에 잠겨 조용히 엎드려 있었다
돌아보고 또 돌아보면 그리운 곳이 어디 멀리 있었던가
딱딱한 돌멩이를 베고 개 한 마리 돌멩이처럼 잠들었다
개의 반쯤 뜬 눈에는 초록색 등을 가진 쇠파리 떼가 날아들고
엊그제 슬어놓은 알들의 유충이 꾸물꾸물 태어나고 있었다

돼지 복지법

돼지들에게도
돼지들의 행복한 삶을 위한 복지법이 필요하다

돼지들의 우리를 더럽히는 자
돼지들에게 부실한 음식을 건네주는 자
살아 있는 돼지를 학대하고 병들게 하는 자
제때 항생제를 먹이지 않고 방생하는 자
돼지 똥과 오줌을 논밭에 거름으로 뿌리는 자
돼지들의 인공적인 교미를 방해하는 자
이들은 돼지 복지법으로 엄중히 다스려야 한다

돼지들의 영원한 권리를 보호하고
돼지들의 안락한 행복을 지켜내고
돼지들이 건강한 돼지로 무럭무럭 자라서
인간들의 식탁에 아무 탈 없이 오를 때까지
돼지가 부드럽고 영양가 있는 단백질이 될 때까지
인간 복지법보다 돼지 복지법을 더 강화해야 한다

돼지들의 방 안에 푹신한 침대를 놓아라
따뜻한 온돌을 깔고 최신식 샤워 시설을 갖춰라
베토벤의 음악을 틀고 오케스트라를 불러라
모나리자와 같이 아름다운 돼지의 초상화를 그려라
돼지를 주인공으로 무삭제 노모자이크 영화를 찍어라
그러면 돼지들은 즐겁게 웃게 되지

태어나 탯줄이 잘리기도 전에 울며불며 살처분된 돼지들
그 핏빛 영혼들의 서명을 받아 당장에라도 돼지 복지법을 시행하라
인간이 인간에게 온전한 사랑을 베풀어주길 기대하긴 이미 틀렸다
하루아침에 밥줄을 끊고 길거리에 일가족을 생매장해버리는
인간 복지법을 싸그리 폐기하고 돼지 복지법을 만들어라
그러면 돼지처럼 살찐 인간들이 돼지처럼 웃게 돼지!

대한민국이라는 엽기 소설

대한민국이라는 엽기 소설이 한 편 씌어지고 있다
저자는 누구인가
박근혜다
독재자의 딸이 대통령이 될 때부터
국정원 부정 선거 댓글 대통령 자체가 엽기였다
그것은 그녀가 독재자의 딸이어서가 아니라
박근혜 자신이 독재자이기 때문에 엽기였다
엽기적인 그녀가
대한민국이라는 초특급 엽기 소설을 쓰고 있다
사건의 배경은 대한민국이라는 여객선이었다
침몰하는 배는 잔인하게 전개된 엽기적인 드라마였다
배 안에서 살려달라고 유리창을 두드리는 학생들과 승객들은
몰살을 위한, 떼죽음을 위한, 처절한 장면일 뿐이었다

살인극이었다, 그것은
사기극이었다, 그것은

악마였다, 그들은
인간이 아니었다, 그들은
수많은 희생자들은 꼼짝없이 죽어줘야 할 인물들이었다
대한민국이라는 엽기 소설에서 대한민국은
엽기 소설의 주인공인 대통령 혼자만 살아남으면 되는 것이었다
대한민국이라는 엽기 소설에서 대한민국은
가진 자에게는 한없이 안전하고 행복한 국가였다
대한민국이라는 엽기 소설에서 대한민국은
없는 자에게는 엄청난 불안과 공포의 국가였다
대한민국이라는 엽기 소설에서 가장 빛나는 주제는
생명보다는 돈이 먼저라는 것이었다
구조보다는 업체의 이권이 먼저였다
가족들의 절규보다는 경찰들의 통제가 먼저였고
대통령을 맞이하는 의전과 경호가 먼저였다
책임보다는 회피가 먼저였고
진상 규명보다는 온갖 거짓말과 은폐가 먼저였다

이 기가 막힌 대한민국이라는 엽기 소설을 낱낱이 펼쳐 보라

총리는 유가족들에게 장례비를 돌려받으라는 공문을 내렸다

교육부는 대통령 조화를 잘 관리하고 날마다 상황 보고를 하게 했다

KBS 보도국장은 앵커들에게 검은 옷을 입지 말 것을 지시했다

그는, 세월호 사고가 한꺼번에 300명이 죽어서 많아 보이지만

교통사고로 죽는 사람을 생각하면 그리 많은 것도 아니라고 했다

실로 소설적 엽기가 아닌 엽기를 뛰어넘는 사실적 엽기였다

더욱 엽기적인 것은 철저히 수사해서 책임을 묻겠다는 대통령이

'선장이 살인범'이라고 수사 지침을 내렸다는 것이다
대통령이 내 책임이다, 내가 책임을 지겠다는 것이 아니라
엽기적인 자신을 제외한 선장과 해운사와 해경과 공무원들이
그들이 사고를 일으켰다고, 그들을 엄벌하겠다고 했다는 것이다
그러면서 국민들에게 가만히 있으라고 명령했다
가만히 못 있겠다!
죽어도 가만히 있을 수가 없다!
이것은 세월호가 전복된 것이 아니라
대한민국이라는 나라가 전복된 것이므로
대한민국의 전복 세력은 바로 박근혜 정권이다
복원력을 상실한 대한민국을
이대로 침몰하는 대한민국을 우리는 두고 볼 수가 없다

탐욕스런 자본의 암캐가 된 박근혜는
해경을 해체하고 국가를 개조하겠다고

참으로 황당무계한 대국민담화를 발표했다
헛소리 마라, 국정원이 개입해 대통령직을 강탈한 무자격자에게
우리는 그런 권한을 준 적이 없다
엽기적인 너희들은 침몰하는 대한민국의 선실에서
가만히 있으라, 가만히 있으라고 선무방송을 하지만
엽기적인 정부의 재난 타워에서 들리는 악선전을 우리는 믿지 않는다
분향소에서 국화꽃을 들고 유가족인 양 사진을 찍은 할머니가
나는 그분이 대통령인 줄 몰랐다고 말했듯이
우리도 그녀가 정말 이런 엽기적인 대통령인 줄 꿈에도 몰랐다
분향소에 놓인 대통령 조화가 밖으로 치워졌는데
치워야 할 것은 조화가 아니라 당장에라도 그녀를 치워야 한다
대한민국이라는 엽기 소설의 연재를 중단시켜야만 한다

그녀가 계속해서 대한민국이라는 엽기 소설을 쓰고 있는 이상
이 정부가 재앙이고 이 나라가 재앙이고 전 국민이 재앙이다
아, 뜬눈으로 차가운 바닷물에 갇혀버린 아이들의 눈동자여!
그 몸부림치는 가엾은 이름으로 피맺힌 영혼으로
작은 불씨 하나 꺼뜨리지 않고
기필코 이 재앙을 멈추게 할지어다.

새우리말사전 1

—섰다

나무가 섰다
바위가 섰고 산이 섰다

전봇대가 섰다
기중기가 섰고 빌딩이 섰다

엉금엉금 기던 아이가 섰다
노총각 종식이 우라질 그놈이
불끈하고 섰다
일 년에 딱, 두 번 선다는데
한 번 섰다 하면 여섯 달 동안 죽지 않고

공룡 같은 기계가 섰다
여기서 섰다는 고장 나거나 멈춰 섰다는 뜻
사람들이 섰다, 일어섰다
여기서 섰다는 죽지 않고 펄펄 살아 있다는 뜻

쫓기던 자들이 몸을 돌려

홱!

돌아섰다

새우리말사전 2

—피우다

꽃을 피우다
왜 꽃을 피우다라고 할까
싹을 틔우다처럼
꽃을 틔우다라고 하면 안 될까
벽을 틔워 통로를 내듯이

소란을 피우다
고집을 피우다
게으름을 피우다
이렇게 번잡스런 피우다에는
어쩌면 피우지 말라는 부정이 숨어 있다

불을 피우다
바람을 피우다
뭔가 불같은 사랑을
뭔가 뜨끔한 담배 한 모금의 연기를
피우고 싶어, 죽을 때까지

피우다의 주어가 되어 그 찬란한 역모를

웃음도 피우고 눈물도 피우고
거침없이 피우고 또 피우다
마른 얼굴 번지는 버짐꽃을 피우다
이런저런 이야기꽃이
막힌 생이
활짝 피어 트일 때까지

새우리말사전 3

—뜯다

바람이 창살을 뜯다
미싱사가 실밥을 뜯다
용접공이 철문을 뜯다

꽃뱀이 사내의 지갑을 뜯다
고위공직자 부인이 투자금을 뜯다
건들거리는 어깨들이
자릿세를 뜯다

뜯다,
원청이 하청을 뜯다
정규직이 비정규직을 뜯다
대공장이 소공장을
불법이 합법을
생전 듣도 보도 못한 이름표들이
뜯고 또 뜯기다

사람보다 못한 짐승들이
짐승보다 못한 사람들이
세금을 벌금을
선거 벽보를 뜯다
거머리가 살모사가 모기떼가
뜯다, 물어뜯다

새우리말사전 4

—떴다

하늘에
해가 떴다
물 위에
달그림자가 떴다

떴다, 눈을 떴다
급하게 밥 한 숟갈을 떴다
무덤에 흙 한 삽을 떴다
회칼로 뚝뚝, 살점을 떴다
살아 있는 목숨을 저미어 떴다

알박기 재개발, 떴다방이 떴다
야구 방방이 쇠파이프 용역 깡패들이 뜨고
공무원 은행원 경찰 감독관이 뜨고
회장님 판검사 장관 국회의원
태극기 봉황 번쩍거리는 별
검은 세단이 떴다

떴다, 떴다
전투기가 떴다
날아라, 날아라, 푸른 하늘
성경책이 뜨고 초코파이가 뜨고
두리둥실 대북 선전물이 떴다
모골 송연한 수많은 환자들이
세상을 떴다, 떠나갔다

해설 · 시인의 말

그 모든 것들, 그 모든 시간

노지영 문학평론가

그는 "나는 이렇다"라고 말하는 사람으로서 현존하는 것이 아니라 발화 주체와 자기 행동의 주체 간의 일치 속에서 현존합니다. "내가 너에게 말하는 진실을 너는 내 안에서 본다."

_미셸 푸코, 「1982년 3월 10일 강의」 중에서

1. 사람의 역할

고백으로 시작해도 좋을까? 임성용의 시 원고를 받았을 즈음 개인적으로 어려운 시간을 보내고 있었다. 부끄럽지만, 건강이 많이 상해서 당분간은 주변을 살피기보다는 오롯이 몸을 돌보는 이기적인 삶을 살자고 다짐했다. 그런데, 그의 원고에 실린 첫 시를 대면하는 순간 딜레마에 빠지고 말았다. 자기 보존 본능에 충실하며 지내기에는 "멈추려야 멈출 수 없는 기계의 눈들이/단단하고 차갑게 내 눈을 찔러왔"(「기계의 눈」)던 것이다. 그의 절대적인 경험이 내 눈을 찔렀고, 그 앞에서 그 어떤 어쭙잖은 군더더기 수사를 덧붙이는 것이 하염없이 부끄러워 한동안 아무 말도 할 수가 없었다.

원고를 지체하고 있을 즈음 세월호 참사가 벌어졌고, 그 슬픔의 물귀신이 몸을 더 침대 속으로 끌어들였는지 모르겠다. 면역력이 더 떨어져 잔병치레가 잦아졌다. 눈가가 짓무르고 뇌가 짓무르는 고통에, 최소한의 신앙생활이나 생계와 연관된 일만 천천히 처리하고 마음이 힘겨운 일은 무조건 미뤄두었다. 글을 쓰는 대신, 일부러 몸을 쓰는 일을 하였다. 무조건 쉬고, 틈나면 운동을 하고, 산책을 하고, 밭에 가서 일을 돕고, 계절이 익힌 열매를 따고, 안 하던 음식들을 만들었다. 몸이 회복되면, 경험으로서의 시를 대하는 마음도 강건해질 것이라고 생각하면서 오래도록 해야 할 것들을 미뤄두는 민폐를 끼쳤다.

와식 생활을 하며 내가 자기 보존에 몰두하던 그 시기에, 주변 사람들은 서서히 침몰하기에 더욱 자세히 볼 수밖에 없었던 외부 소식을 전해주었다. 세월호를 보면서 사회적 적폐의 총화를 발견했고, 치밀어 오르는 분노를 미처 다스리기 힘들어 했다. 그들은 때로 고통스러움에 못 이겨 수면 장애에 시달렸으며, 어떤 이들은 혈육을 잃은 것처럼 작은 말로 건드리는 순간 하염없이 울었다. 모두가 '스타바트 마테르(Stabat Mater)'가 된 것처럼, 곧 죽어가는 예수의 곁에 부모의 마음으로 서 있는 성모처럼, 울고 있었다. 아무리 다른 화제로 전환하려 해도 결국 모든 대화가 진도의 해역을 떠돌았다. 모든 추상 언어가 페르골레시(Pergolesi)의 멜로디〔Stabat Mater〕에 붙인 시로 환원되어 들렸다. "어머니는 서 계시네. 아드님이 십자가에 달려 계실 때, 마음 아파하시는 어머님이, 울고 서 계시네. 탄식하고 슬퍼하며, 아파하는 그의 마음을, 예리

한 칼이 꿰뚫었네……." 사람들과 다른 얘기를 하면 할수록, 자꾸만 그 슬픈 노래가 우리에게 '돌아왔다.'

그러나 세월호 참사 이후에 선거를 앞두고 여러 매체에 의해 '줌 인'된 또 다른 종류의 눈물들을 보면서, '서 있는 어머니'의 애도가 그들의 눈물과 어떻게 구별될 수 있을지 혼란스러웠다. 언젠가 크리스테바가 지적한 바 있듯이 분만의 기능이 삭제되고 동정녀로 성화되어버린 성모애상의 모습으로, 즉 원죄 없이 잉태된 '무염시태(無染始胎)'의 애도로 오늘의 우리 사회는 그저 죽어가는 것들 앞에서 '서 있기'에 머물러 있는 것은 아닐까. 슬픔의 성감대를 건드려준 외적 사건을 바라보면서도 그저 기존의 삶이 격하게 변동되고 오염되지 않기를 바라며 우리는 여전히 제자리에 울며 서 있는 것은 아닌가. 물론 절절한 슬픔으로, 감정의 정화를 위해 필요한 통곡으로 온 마음을 바쳐 괴로워하며, 애도의 심층을 파헤쳐 미학적으로 성화(聖化)하기도 하지만, 때로 애도라는 것이 책임지지 않는 위정자의 눈물에 면죄부를 주고 죄악을 망각하게 하는 이미지로 도용되기도 한다면, 이는 철저히 두려워할 일이다.

그렇게 죽어가는 세계 앞에서 무력하게 누워 있고, 슬퍼하며 서 있는 우리들에게, 그렇다면 이제 어떤 노래가 '돌아와야' 할 것인가. 죄 없는 사람처럼 아무것도 안 한 채 서서 울고 있는 위장된 성모애상의 '줌 인(Zoom In)'된 이미지 앞에서, 우리도 그와 구별되지 않은 눈물만 지으며 애도할 것인가. 맘몬을 지배 권력으로 선출해놓고 나날이 기괴한 재난 사건 속에서 황망해하며 집단적 마조히즘에 빠져 있는 이 시대, 죽음이 일상화되어 애도를 고고한 정신성으로 승화시켜야 견딜 수 있는 시대에, 우리는 과연 어떤 노래를 부를 수 있는 것일까.

임성용의 시에서 애도의 시기에 직면하는 시인의 삶을 발견할 수 있을 것 같다. 그는 끝내 100퍼센트의 죽음을 맞은 이 침몰의 시대에 그저 누워 있거나 서 있지 않았다. 누구보다 종종거리며 생명으로 사는 일을 행위화하였다. 누군가 몸을 뉘여 쉬고 있을 때, 몸은 쉬고 있지만 함께 하지 못하는 고통에 마음이 쉬지 못하고 괴로워할 때, 그는 대신 사람의 현장에 더 부지런히 들러 그곳의 소식들을 전해주었다. 오래전부터 그렇게 살아왔고, 이 재난의 시대에도 그는 또 그렇게 "죽지 않고 펄펄 살아 있"(「새우리말사전 1—섰다」)었다. 가까이서 죽음을 목격할 때, 아니 우리 스스로가 죽음을 맞은 신체가 되었을 때도, 그는 마치 성서에 나오는 나사로처럼, 분연히 일어서고 만다. 작업장에서 일하고, 더 어려운 현장에 찾아가고, 집회에 참석하고, 행사를 기획하고, 탄원서를 작성하고, 아픈 동료들을 위문하면서, 생의 진실 속으로 더 깊이 파고드는 시를 쓰고 있었다. 죽은 지 나흘이 되어 냄새가 진동하던 나사로의 시신이 다시 죽음을 딛고 일어서는 것이 바로 이런 것이겠구나, 우리가 이런 식으로 다시 살아날 수도 있겠구나, 그의 삶을 보면서 함께 일어설 이유들을 생각해본다.

일어나라고 외치는 것은 신이지만, 스스로 일어서 신께 걸어가는 행위자는 바로 사람이다. 누워서, 때로 서서 울면서, 임성용의 시를 통해, 다시 '일어서는' 나사로를 보았다. '사람의 역할'을 보았다.

2. 담론의 내부, 자기에의 관심

애도가 일상화되어 있는 오늘날은, 주체와 진실이 맺고 있는 관계가 쉽게 허약해질 때가 많다. 특히 사이버 세계를 매개로 한 다양한 정보의 통로는 사건의 접근과 인식을 손쉽게 만들지만 역으로 그 정보의 과잉성은 손쉽게 사건에 대한 리비도를 이탈시킬 수 있는 원인이 된다.

현대인들은 정보의 물결과 억견(doxa) 속에서 특정 사건에 감정과 이념의 과잉을 보이며 리비도를 신속히 집중시키다가도, 그것의 구체적인 진실을 조목조목 알기 전에 또 다른 자극에 노출되면서 신속히 리비도를 이탈시킨다. 숭배되는 동시에 회의되고, 절대화되는 동시에 상대화되면서 새로운 사건과 '정보'에 대한 실제적 진실은 더욱 애매모호해진다. 어쩌면 정보의 과잉은 개인의 번민을 축소하고 고통을 탕감해주는 심리적 장치로 기능하는지도 모른다. 과다한 정보는 존재의 비극성을 온전히 각성하고 그 속에서 주체가 행위화할 수 있는 시간을 허여하지 않는 것이다.

정보의 과다한 가상 체험 속에서 머릿속으로만 세계를 인식하는 우리는 진실을 감당할 수 있는 주체가 아니라 매체의 통치술이 호명하는 것을 편안하게 소비하는 개인으로 존재할 때가 많다. 그리하여 정보의 과잉은 우리를 담론의 심연으로부터 소외시킨다. 가상 속에서 대리 인식되고 진실은 언제나 인식 가능한 것으로 느껴지지만, 실제 우리가 허약하게 관계 맺고 있는 정보들은 현실태 속에서의 실천적인 힘으로 이어지지 못한다. 정보의 대중화로 많은 사람들이 인터넷과 SNS 등 다양한 경로를 통해 앎의 불평등을 해소하고 문화민주주의를 실현하고 있는 것처럼 보이지만, 실제로 매체의 수사적 규범을 따라 세계를 피상적으로 인식할 뿐 그것을 변화시키지 못하고 그저 담론의 외부에만 존재하는 것이다.

그렇다면 세계와 존재에 대한 피상적 인식을 벗어나 담론의 내부로 진입하기 위한 새로운 주체성의 윤리적, 정치적 생산 조건은 무엇일까. 이를 위해서는 푸코가 몰두했던 다양한 고민들을 참고할 수 있을 것이다. 잘 알려져 있다시피 푸코(Michel Foucault)는 주체를 지배 기술의 수동적 산물로 파악하고, 이를 권력 구조 안에서 면밀히 분석해온 대표적인 인물이다. 그러나 『주체의 해석학』을 비롯한 그의 후기 저작들에는 '자기'의 자립성에 몰두하여 이러한 수동성을 벗어나게 하는 주체의 자기 실천에 대한 고민이 열렬히 분출되고 있음을 기억할 필요가 있다. 그는 그리스·로마 철학사에 빈번하게 등장하는 철학적 주제인 '자기 배려(epimeleia heautou)'의 문제를 고민하면서 자기 자신을 구하는 주체의 실천 형식을 전면화한 바 있다. 이처럼 자신을 파고들고 통제하는 미시 권력 예속화에 저항하면서 자기 자신을 구원하고 이를 극복할 수 있는 '주체화'를 고안하고자 한 시도는 우리 시대의 노동문학의 가치를 살피는 데 유의미한 참조점이 될 것 같다. 푸코는 자신의 존재를 이용해야만 진실에 도달할 수 있음을 강조하면서, 세계 속에 통제되고 있는 개인을 발견하고, 이를 변화시킬 수 있는 '자기에로 관심'을 갖는 훈련에 대해 강조한 바 있는데, 우리의 노동문학의 태동이 바로 이러한 과정에서 시작하지 않았던가.

1970~1980년대 노동문학은 자기 서사 쓰기를 서발턴의 대항공중(subaltern counterpublic)의 역사 기록으로 발전시켜온 과업이 있다. 오늘날은 다양한 매체의 발전으로 그러한 과업을 잇는 주체적 권한이 노동자에게만 주어지지는 않지만, 그럼에도 '노동문학'은 어떠한 연구자들의 우스갯소리처럼 '사어(死語)'로만 그치지는 않을 것이다. 그것은 여전히 자신이 속한 권력장의 실제적인 면모를 직시하면서, 자신의 존재론을 성찰하는 것을 포기하지 않은 가장 인문학적인 장르로 남아 있기 때문이다.

오늘날의 '노동문학'을 기술하고 지켜나간다는 것은 그리하여 자신의 예속화를 거부하고 이러한 자기에의 관심을 포기하지 않은 '실존의 기술(technique de l'existence)'을 연마하는 과정이 될 것이다. 자신이 처한 작업장의 오염된 현실태 속에서 자신이 어떻게 구축되어 있고, 권력 안에 내부화되어 있는지를 탐구하고, 진실을 받아들일 준비 속에서 그것을 솔직하게 발화해나가는 것이다. 피상적인 세계에서 진실에 접근하기 위해 인간의 신체 내에 이식된 현실을 인식하고 끊임없이 자신을 변형시키며 훈련시키는 과정이 임성용의 시에서 묵직하고 간결하게 발화될 때마다 시가 주체의 윤리와 맺는 불가분의 관계를 떠올릴 수 있어 기쁠 따름이다.

임성용 시인은 자신을 둘러싼 작업장이 자본의 통치 논리에 예속된 현장이라는 것을 직시하는 예리한 눈을 가지고 있다. 첫 시집을 해설한 오철수의 지적대로 "그의 육신"은 "곧 사상의 형상 언어"이며, "노동자의 몸은 그 기록 문서"인 것이다. 그의 시에 빈번하게 드러나는 육신의 모티프와 신체의 이미지는 규율과 통제 속에 관리되는 자본주의의 압축태이며, 그가 노래하는 공장의 작업장은 생명 관리 정치를 인식 가능하게 하는 조건을 가진 대표적인 장소로 등장한다.

코끼리 두 마리쯤 되는 기계를
각목으로 끼워서 밀고 밧줄로 끌어당겼다
무쇠 발바닥이 굴러간 흔적을 따라
우리는 조심조심 걸어갔다
닥치는 대로 무엇이든 먹어치우는 톱니바퀴를 벌리고
언제라도 콧김을 내뿜고 폭발할지 모르는 배 속으로
숙련공 몇 사람이 절벅절벅 기어 들어갔다
노란색으로 그어진 기계의 동선 밖에서
시운전을 알리는 비상벨의 명령
일 초에 한 번씩 숨을 멈추는 호흡
일 분에 서른 번씩 밟아대는 발판

최단 거리의 동선과 시간당 생산량을 확인하고
불량으로 밀린 시간은 제외시켰다
교대 시간, 청소하는 시간, 밥 먹는 시간,
커피 마시고 오줌 싸고 남은 여분의 휴식 시간까지
정확히 계산해서 녀석의 조련사에게 알려주었다
작업을 마치고 우리가 책임져야 할 불량품들이 잔뜩 쌓였다
우리의 노동으로는 도저히 녀석을 먹여 살릴 수 없었다
그는 필요 이상으로 거대한 동물이었다

_「코끼리」 전문

이 시에는 "코끼리 두 마리쯤 되는 기계"와 '조련사'가 동시에 등장한다. 일분일초를 통제하고 계측하는 규율 권력으로서의 미시 권력과 생명 관리 정치를 하는 거시 권력으로서의 '조련사'가 동시에 '숙련공'을 통치하고 있다.

우리 문학에서 노동 현장은 우화 형식의 변형태로 등장하여 자연사의 전형적 형태와 생리학적 진실을 결합시키는 형태를 보여주는 경우가 많은데, 임성용의 시에도 이러한 동물적 변신 기법이 자주 사용되는 것 같다. 화자와 인접한 거대한 기계, 즉 노동자의 '필요' 이상으로 존재하는 거대한 기계는 초식동물의 순한 이미지를 가지고 있지만 결국 거대한 포식자로 살쪄 있고, 숙련공을 '불량품' 생산 기계로 낙인하는 역할을 한다.

이러한 코끼리의 대사작용(代謝作用)을 따라가는 "노련한 선반공"이 되기 위해서는 "장갑을 끼고 보안경을 쓰고/기계에 기대거나 밤새 피곤에 지"쳐 있으면 안 된다. 곧 "팔뚝이 말려들고/터져버린 눈알을 돌려달라며 생떼를 부"리게 되기 때문이다. 불량을 막고, 자기 생명을 보존하

기 위해서는 인적 자원으로서의 '기술'을 넘어서 "모니터를 무시하는 위험한 기술"(「위험한 기술자」)을 익혀야 하는 것이다. 경제적 생산성과 이득을 최고의 합리적 가치로 이해하는 '경제적 인간'인 호모에코노미쿠스(Homo economicus)들은 공적 명령 체계 속에서 그 위험한 기술의 질서를 강요한다.

그러나 그 대가는 무시무시하다. "도금 공장에서 십 년을 일한 형이" "코뼈 속에/수십 개의 작은 구멍이 뚫"려(「코」) 뒤틀리고 훼손된 육체로 돌아온 것처럼, '불량품'을 생산하지 않기 위해서는 자기 자신이 '불량품'이 되어버리는 기괴한 교환이 일어나는 것이다.

> 완전무결한 정품은 세상 어디에도 없다
> 나는 폐기통 속에 버려진 제품들을 꺼내본다
> 폐기와 반품, 교환과 수정이라는 식별에 몰두한다
> 버려야 할 것과 고쳐야 할 것이 뒤섞인 검사에서는
> 끝내 단 하나의 제품도 통과하지 못한다
> 내 손으로 도면을 새로 만들고
> 내가 직접 생산을 통제하는 게 상책이다
>
> _「수입검사 김 과장」 부분

그의 시에서 인간은 곧 물질화되고, 물질은 곧 인간화된다. 그가 속한 작업장의 제품들은 단순한 물상으로 존재하는 것이 아니라 "불량 등록 딱지"가 붙여진 인간을 매개하기도 하는 것이다. 하나의 샘플 기준에 맞춰져야 '정품'으로 '수입'되고, 그렇지 않으면 '폐기', '반품', '교환', '수정'되어야 하는 '선별 검사' 속에서 "폐기통 속에 버려진 제품들"이 식별된다. '수입'되지 못한 삶, 물화 속에서 생명적 권력 안으로 진입되지 못한 존재들은 이처럼 그의 시에서 반복적으로 '노출'된다.

이러한 상황은 때로 단순한 어조로 투박하게 발화되지만, 진정성 있는 삶의 경험 속에서 자신이 속한 장소에 대한 이의를 제기할 수 있는 정치적 주체화의 계기가 되기도 한다. 사회적으로 과도하게 예속되어 있는 측면을 파악하고 "내가 직접 생산을 통제"하면서 자기에 의한 자기의 구축을 꿈꾸는 시발점이 되는 것이다. 그러한 '자기에의 회귀' 속에서야 주체는 비로소 폐기통 속에 버려져 있는 것들과 연관된 관계를 살피게 된다. '폐기통' 속에서 함께 버려진 것들을 발견하고 연대감을 느끼며 함께 예속화된 대상들을 바라봄으로써 말이다. '자기'와 '자기'와의 관계를 맺고 있는 것들을 바라보면서, 나는 누구이며, 우리들이 누구일 수 있을까 상상하는 과정 속에서 폐기통의 제품들은 들썩대기 시작한다. 비로소 '자기'의 범위는 확장되는 것이다. 그러한 확장이 바로 "내 손으로 도면을 새로 만"드는 과정이 되리라.

3. 이상향, 다시 이상향

자기가 누구인지, 우리가 누구인지를 알아가는 '자기지(Self-knowledge)'에 대한 관심은 자신의 세계를 둘러싼 사물, 사건, 무수한 타자들과의 관계 속에서 탐구되고 완성되는 것이다. 임성용의 시에는 노동 현장에서 시작하여 그것을 넘어서 소외된 약자들에 대한 인간 공동체적 관심 속에 자기 자신의 위치를 발견하는 과정이 묘사되어 있다.

자기에 대한 관심은 노동에 대한 관심으로, 또 노동에 대한 관심은 다시 '자기'의 기원과 관계망을 알아가는 노동으로 순환된다. 노동 속에 자기가 있고 자기를 알아가는 노동을 통해 인간은 비로소 '자기'의 완성으로 향해 갈 수 있다. 그렇기에 노동의 기원이 인간의 기원에서부터 시작하는 것은 조금도 이상한 일이 아니다.

원형 그대로 굳은 손가락 마디마디는
무엇보다 망치를 내려치기 좋게 만들어졌다
오래전에 직립의 꿈을 실현한 발이
손에게 자유를 얻어 오라고 망치를 잡게 했지만
망치는 닳고 닳아 녹물을 흘리고 버려졌다
그러나 쇠보다는 살이 더 강한 것
손가락은 스스로 닳아 없어지지 않는다
금형에서 금방 찍어낸 제품처럼 살아 있다

그 손가락의 주인은 기타리스트였다
등나무 아래, 손가락을 잃어버린 장갑이 비를 맞고 있다
이제는 어느 멀쩡한 손가락이 와서
그가 두고 간 기타를 연주하고 노래를 불러줄 것인가
오늘 밤에도 예술의 전당에서는 음악회가 열리고
바이올린을 켜는 희고 고운 손가락들
품위 있는 시간을 사려고 음악을 감상하러 가는 사람들
그들 가족은 모두가 신성한 악보가 달린 귀를 가지고 있다

그렇다면 애초에 누가 가르쳤던가
망치와 바이올린은 어울리지 않는다고
만일 공장에서 바이올린을 켜는 노동자가 있다면
망치는 바이올린을 능히 지배할 수 있을 것이다

> 펄펄 끓는 용해로에 바이올린을 잡은 손가락을 내던지고
> 작업장 벽에 바이올린의 허리를 못질할 것이다
> 나는 바이올린을 켜는 노동자의 연주회를 위하여
> 망치의 선율에 따라 기계를 세우고
> 선명하게 주조된 손가락을 깎아내고 있다
>
> _「바이올린을 켜는 노동자」 부분

"오래전에 직립의 꿈을 실현한 발이/손에게 자유를 얻어 오라고 망치를 잡게 했"(「바이올린을 켜는 노동자」)지만, 노동자는 '주조 공장 쇳물'에 손가락을 빠뜨리고 더 이상 바이올린을 켜기 어려운 존재가 되었다. 그러나 그의 시에서는 오지 않은 "노동자의 연주회"를 위하여 역설적으로 "망치의 선율에 따라 기계를 세우고" 움직이는 노동의 연주를 작업장에서의 노동자가 하고 있다. 오지 않은, 쉽사리 오지 못할 이상향으로서의 "노동자의 연주회"는 오히려 노동 현실의 조건 속에서 마련되게 된다.

이와 같은 '노동자의 연주회'처럼, 임성용 시의 '이상향(理想鄕, Utopia)'은 기이하게도 헤테로토피아(Heterotopia)의 '이상향(異常鄕)'과 연결되어 있다. 그 연주회는 손가락을 잃은 노동자의 현실태에서는 발견할 수 '없는' 부재의 장소이고, 그리하여 모든 장소의 '바깥'에 있는 이상향의 장소로서 '자유'를 표상하지만, 역설적으로 다른 노동자의 예속된 현실 속에 '존재한다.' "바이올린을 켜는 노동자의 연주회를 위하여" 노동하는 다른 노동자의 '노동 행위' 속에서 비로소 '자유'의 선율이 새어 나오는 것이다.

푸코가 현실화된 유토피아로 설명한 바 있는 '헤테로토피아'는 현실에 존재하면서도 자기 이외의 모든 장소들에 맞서서 그것들을 지우

고 중화시키는 '반(反)공간(contre-espaces)'을 의미한다. 서로 양립 불가능한 여러 요소들이 한 장소에 겹쳐져 모든 장소들의 바깥에 존재하며, 다른 모든 공간에 대해 이의를 제기할 수 있는 장소를 말하는 것이다. 그의 첫 시집의 표제인 『하늘 공장』은 시인의 대표적인 유토피아이자 헤테로토피아의 표상이라고 할 수 있다. '하늘 공장'은 마치 성서의 『이사야서』 11장에서처럼, 이리와 어린양이 함께 거하고 젖 먹는 아이가 독사의 구멍에서 장난하는, 양립 불가능한 존재들이 공존하는 장소로 묘사된다. "연기 나는 굴뚝도 없애고 철탑도 없애고/손과 발을 잡아먹는 기계 옆에 순한 양을 놓아먹이고/고공 농성의 눈물마저 새의 날갯짓에 실어 보내"는 장소, "큰 공장 작은 공장 모두 하나의 문으로 통하는" 즐거운 노동의 장소는 궁극의 천상적인 것들로 엮여 있지만, "지상에 놓인 집 한 채"로 향하는 길목으로 제시된다(「하늘 공장」, 『하늘 공장』).

그러나 우리는 알고 있다. 이러한 '하늘 공장'이 실제로는 얼마나 비현실적인 공간인지를. 그곳의 대립적 자질로 존재하는 현실태의 공간은 연기 나는 굴뚝과 철탑이 있는 현장이요, 손과 발을 잡아먹는 기계에게 순한 양이 먹히는 작업장이며, 고공 농성의 눈물이 떠나지 않고, 큰 공장이 작은 공장을 포식하는 참혹한 노동의 장소라는 것을……. 그럼에도 현실에서 양립 불가능한 존재들이 수평적인 관계를 이루며 한 장소에 겹쳐지면서, 현재의 공간에 맞서 이의를 제기하는 순간이 열리기에 이 비현실적인 부재의 유토피아는 존재하는 현실과 교차되어 더욱 환상적으로 열리고 있다는 것도…….

그의 두 번째 시집 『풀타임』에서는 부조화된 현실을 이야기하고 그것을 정화시키며, 현실의 장소에 맞서는 가능성을 열어가는 '반공간'의 작용이 물질적 현실 속에서 더욱 구체화되어 나타난다. 예컨대 나이 어린 '누이'들의 '집단 기숙사'인 「근로자복지아파트」의 묘사는 매우 상징

적이다. '복지'의 받침 'ㄱ'자가 떨어져 나간 그 아파트를 통해, 산업화의 전진 기지가 품고 있는 미래지향적 이미지는 한순간 격하되고 비속화된다. 이처럼 포장된 현재의 이미지에 이의를 제기하는 '잘못된 글자'의 장소, 그리하여, 그 공간의 바깥의 아픔으로 확장되는 장소들이 그의 시에는 매우 흥미로운 상황들로 결합되어 있다. 아래의 시를 보자.

> 친구들은 대부분 감옥에 수감되었다
> 농민도 노동자도
> 엔지니어도 화이트칼라도 함께 갇혔다
> 장사꾼도 청년들도
> 수감 생활에 적응하고 저항을 포기했다
> 체념이란 총칼보다 무섭고 세금보다 무겁지만
> 때론 고픈 배를 채워주는 상한 음식처럼 시큼한 것
> 친구들은
> 왕성하게 발기된 희망을 섞어 트럼프 놀이를 하고 있다
> 조마조마하지만 불안정한 미래는 늘 조커처럼 숨어 있다
> 다행히 무기형으로 감형된 나는 더 이상 이력서를 쓰지 않는다
>
> 그렇게 풀타임 정규직이 되고 싶은가?
> 그렇게 그들의 완전한 가족이 되고 싶은가?
>
> 나에게 남은 것은 집단적으로 구제를 거부하는
> 폭동처럼 격렬한 희망뿐

_「풀타임」 전문

이질적인 것이 연합되어 반공간이 열리고, 현재 장소의 특징을 현시하면서 다른 장소를 연결시키는 교차점이 형성될 때, 헤테로토피아의 기능은 더욱 분명하게 부각된다. 일반적으로 감옥이라는 공간은 규범의 요구로부터 일탈된 행동을 하는 개인들에게 마련된 장소이다. 이곳은 '저항'하는 이들을 수감하고, 사회적으로 '일탈'한 이들을 강제로 수용하여 '복종'시키는 공간, 즉 사회에 대한 거부와 사회로부터의 훈육이 동시에 이루어지는 공간이다.

그러나 이 '감옥'이라는 장소는 주변 환경으로부터 주체를 고립시키면서 주변 환경으로 나아가고자 하는 희망을 품게 하는 양면적 공간이 된다. 감옥에 갇힌 수감자들은 시간적 고립 속에서 '풀타임'에 대해 생각하고, 사회적 단절 속에서 '완전한 가족'을 고민한다. 현실을 수납하는 개인과 그 현실적 조건 속에서 자기를 성찰하는 역사적 주체가 동시에 그 장소에 공존하는 것이다. 농민과 노동자, 엔지니어, 화이트칼라, 장사꾼, 청년 등 다양한 계급들이 지배 계급의 통치술에 적응하고 저항을 포기할 때, 그 모든 것을 포기하는 어찌할 수 없는 장소에서 '폭동처럼 격렬한 희망'이 샘솟는 순간이 열린다.

임성용의 시에는 이렇게 양립 불가능한 것이 이질적으로 한 장소에 겹쳐져 기존의 현실에 대해 이의를 제기하고, 또 다른 현실의 장소로 연결되는 지점을 마련하는 신비하고 눈물겨운 위상학이 펼쳐지곤 한다. 특히 정규직의 근무 규정을 의미하는 시간인 '풀타임'이라는 시어는 해석의 애매성을 보여주기에 더욱 흥미롭게 읽힌다.

그것은 감옥 밖에서 일상적으로 출퇴근하는 정규직 근로자에게는 시간적 '제약'을 의미하기도 하지만, 비정규 '파트타임'직에게는 경세적인 '자유'를 의미하기도 한다. 또 감옥 밖에선 성취하지 못했지만 감옥 안에 예속되면서 비로소 '풀타임'으로 수감 생활을 하는 자들의 '부자유'

를 반어적으로 보여주고 있기도 하다. 그러면서도 'full time'이라는 영문자 기표가 즉시적으로 상기시키는 '가득 찬 시간'의 이미지는 어떠한가. 어떤 선택을 해도 부자유를 살 수밖에 없는 이들, 즉 체제의 감옥에 사는 생명들이 영원히 완성시켜나가야 할 과업으로서의 '자유' 시간을 상징하지 않는가.

단절되고 구속된 시간 속에서 우리들에게 꽉 채워진 시간을 상상하게 하는 그 '격렬한 희망'이야말로 감옥 안에 화자를 구금하는 원인이 된 동시에 감옥 안을 탈출하게 만드는 새로운 동인일지 모른다. 닫히면서 열리는, 구금되면서 '폭동'을 꿈꾸는 공간, 모든 것에 맞서는 장소이면서, 모든 것이 가능해지는 이종적 공간이 그의 시집을 읽는 '풀타임'의 시간 또한 꽉, 채우며 펼쳐지리라.

4. 그 모든 시간, 진실에의 용기

임성용의 시에서 그러한 '풀타임'의 시간들은 다양한 방식으로 형상화된다. 우선 고된 노동 현장 속에서 만나는 '충만한' 살덩이의 '시간'이 '풀타임'으로 묘사되는 것을 살필 수 있다. 그의 「트럭」이라는 시는 이동과 정착, 노동과 휴식을 동시에 가능하게 하는 트럭이라는 공간을 통해 '풀타임'을 사는 한 노동자의 모습을 따뜻하고 서정적인 눈으로 묘사하고 있다. "과적보다 무거운" "잠의 중량"과 모성과 같이 달콤한 "잠의 살결"이 동시에 공존하는 트럭이라는 이동수단은 생/노동의 결합면을 바늘 자국 없이 꿰매고 있는 환상적인 공간을 열어내는 것이다.

그러나 그의 시가 더욱 주목하고 있는 것은 이와는 다른 종류의 '풀타임'일 것이다. 다음의 시에는 복수의 존재들이 갖는 사건적 동시성을 통해 벌거벗은 모든 것들의 그 모든 시간이 제시되는 '풀타임'의 시적 전략이 노출되어 있다.

> 방세가 밀려 연탄불을 피워놓고 동반 자살한 어머니와 두 딸이 있었다.
> 세 모녀는 죽기 전에 입술을 꽉! 깨물었다.
>
> 한강 다리 위에서 물에 빠져 죽은 어머니와 어린 자식이 있었다.
> 건져 올려보니 어머니는 자식과 떨어지지 않으려고 자식의 아주 작은 손을 꽉! 움켜쥐고 있었다.
>
> 아버지가 장애를 앓는 아들을 데리고 저세상으로 먼저 떠나갔다.
> 아버지는 겨우 한 발짝씩 떼놓는 아들의 비틀어진 어깨를 꽉! 붙잡아주고 있었다.
>
> _「꽉!」 전문

총 3연으로 구성된 이 시에서 죽음을 기도하는 하나의 순간은 함께 죽어가는 세 개의 시간 중의 하나로 배치되어 있다. 연 단위로 죽음의 세 가지 유형이 반복되고 있지만 '죽음'은 죽음 그 자체가 아니다. 고귀한 생명의 '꽉' 찬 메시지와 연결되고 있는 것이다. 최소한의 인간적 존엄을 지키면서 동반 자살을 선택한 세 모녀의 "꽉!" 깨문 입술 속에서, 다리 위에서 자살한 모자의 "꽉!" 움켜진 체온 속에서, 장애를 앓는 아들과 함께 생을 마감한 아버지의 "꽉!" 붙든 염려 속에서 죽음은 생명의 진실과 꽉, 얽혀져 존재한다. '존엄이 파괴된 생'을 부정하고, '참된 존엄으로서의 생'을 꿈꾸고자 했던 '그 모든 사람들의 그 모든 시간'을 '풀타임', '풀스페이스'의 시로 보여주고 있는 것이다.

첫 번째 시집『하늘 공장』에서부터 "지상으로 가는 집 한 채"를 눈물겹게 그려나간 임성용은 두 번째 시집에서는 그 지상으로 가는 여정이 얼마나 험난한지를 벌거벗은 생명들의 허다한 죽음으로 더 고통스럽게 보여준다.

돌아보니 그가 없었다
그가 서 있던 자리에
소리 없이 바람이 지나갔다
햇볕이 내려앉았다
타다 만 용접봉이 그대로 있고
스패너와 볼트는 움직이지 않았다
나는 그의 얼굴을 보지 못했다
분주하게 오가는 그의 머리만 보았다
머리통 하나가 떨어지는 것을
누가 똑바로 세어보고 기록해놓았을까
목을 베어 몸통은 버리고
머리만 궤짝에 담아 소금이라도 뿌렸을까
돌아보면 아무도 없는 허공
아스라이 굴러다니는 머리들
도무지 몇 개인지 모를 머리의 개수들
허리 굽혀 하루 종일 몸에 복종하는
그를 얼핏 돌아보니 그가 없었다
그의 머리는 벌써 지상으로 낙하 중이었다
돌아보지 마라 퍼억, 터지듯 주저앉지 마라
망치와 못의 머리도 때가 되면 몸을 버리나니

해가 진 자리마다 굵은 빗방울이 떨어진다

_「돌아보니 그가 없었다」 전문

호모에코노미쿠스의 질서 체계 속에서 "허리 굽혀 하루 종일 몸에 복종하"고 살아가던 존재들은 이제 "지상으로 낙하 중"이다. "분주하게 오가는 그의 머리만" 멀리서 바라보다가 미처 그 육신을 붙들지 못한 생 하나가 다시 낙하해버렸다. 참혹한 농성의 현장을 바라보지만, 이내 "분주하게 오가는 그의 머리"만 보며 가까이 다가가지 못한 사이, 그 얼마나 많은 죽음이 연속되었는가. 가까이 있다면 붙들 수 있었던 그 존재가, '돌아서' 있는 동안 기어이 죽어버렸다.

"아스라이 굴러다니는 머리들/도무지 몇 개인지 모를 머리의 개수들"을 모두 용납하지 못하고 슬퍼하는 '분주'한 사이에, 수습되기 어려운 죽음의 쓰나미가 다시 몰려온다. 그리하여 임성용의 시 쓰기는 삶의 분주함을 거부하고, 하나의 몸이 극한의 신체적 물질성으로 항거하면서 들려주는 행위의 노래로 '돌아온다.' '용접봉'과 '스패너'와 '볼트' 같은 자본의 부속 기계가 멈추고, '목', '몸통', '머리통', '굴러다니는 머리들'이 살덩어리의 육체가 되어 직정적으로 말하는 순간을 시화하는 것이다.

미처 말하지 못하던 서발턴들이, 도무지 몇 개인지 모르는 머리의 숫자들이 '퍼억', 참혹한 소리로 지상에 마지막 공명음을 낼 때, 시인은 그 소리를 심장의 소리로 번역해낸다. "돌아보지 마라 퍼억, 터지듯 주저앉지 마라." 죽은 자가 두려움 없이 몸으로 진실을 말하는 순간을, 그들이 노래한 '진실에의 용기'를 시인은 원음의 노래로 현상하고자 한다. '머리통'으로 울리는 진실을 힘겹게 '돌아보'는 일, 몸의 행위로 간신히 '돌아온' 진실을 말하고, 그 진실과 일치될 수 있도록 생을 실천하는 일, '주저앉지' 말라는 생명의 언어에 응하여 분연히 '일어서는' 일을 그의 시가 묵묵히 감당하고 있는 것이다.

이 애도의 시대에, '사람의 역할'을 감당하고자 하는 그의 시 쓰기를 우리는 '진실에의 용기(parrhêsia)'를 향해 나아가는 '파르헤지아스트(parrhêsiastes)'의 글쓰기라 부를 수 있지 않을까. 푸코에 의하면, 파르헤지아스트란 오직 진실하고자 노력하는 자이다. 그는 참, 거짓을 가려내는 진리로서가 아니라 모든 것을 끌어안아 품어내는 진실을 추구한다. 그것이 설령 위험을 불러올지라도 자신이 진실이라고 생각하는 것을 솔직하고 용기 있게 말한다. 그리고 어떤 위험한 상황 앞에서도 진실을 말할 수 있는 용기를 잃지 않는다.

때로 거칠고 절제되지 않은 모습으로, "대한민국이라는 엽기 소설"을 쓴 위정자를 신랄하게 비판하고, "재앙"(「대한민국이라는 엽기 소설」)의 연재를 중단해달라 요구하는 그의 모습에서 우리는 세상의 진실을 향해 자기를 던지는 단순성의 결단을 발견한다. 그렇기에 그의 시는 무수한 정보 속에서 진실의 심연에 닿지 못하는 피상의 언어나 통치술에 휘둘려 발화하는 '호모에코노미쿠스'의 언어, 미학적 합리성을 주장하는 세련된 수사의 언어 앞에서도 결코 위엄을 잃지 않고 살아 있다. 그의 시가 자기를 바라보고, 자기와의 관계를 온전히 바라보는 과정 속에서 생의 진실을 정직하게 발화하고 있기 때문이다. 그리하여 그는 진실을 발견하는 주체와 그를 향해 나아가는 행동의 주체를 자기 안에 정확히 일치시키고자 한다. 아니, 아예 '진실' 자체가 시의 실천 속에서 '유사-주체'로 만들어지는 과정을 제시한다. 그러한 윤리적 주체의 완성 과정을 임성용의 시를 통해 응원할 수 있으니 나날이 몰려드는 황망한 비극 속에서도 이 얼마나 다행한 일인가.

진실이 없는 곳에는 '솔직히 말하기'가 존재할 수 없으므로, 파르헤지아스트의 시인은 스스로가 가장 진실한 장소에서 영향을 받아 '장식 없는 간결한 힘'으로 진실을 작동시킨다. "텅텅, 파이프가 울"릴 때(「텅 빈 울림」) '텅 빈' 진실의 원음이 공명한다. "쇠와 숫돌 사이" "날카로운 바이트 끝에"서 "파르르, 떨리는 노래"(「돌아오라, 노래여」)가 '연마'될 때, 시인의 삶도 하나의 예술 작품으로 '연마'된다. 그리하여 오늘의 이 시집은 그 모든 시간, 그 모든 장소에서 진실의 원음에 귀 기울이는 시인의 수행적 몸이라 할 수 있다. "검은 때가 낀 손톱 밑에 적"(「갑골문자」)어낸 '생명'의 격렬한 '내력'인 것이다.

그리하여 정녕, 시가 우리에게 말하는 진실을, 우리는 시 안에서 볼 수 있다. 임성용이 우리에게 말하는 진실을, 우리가 임성용의 안에서 볼 수 있듯이…….

쓰라린 세월 너머
더 쓰라린 너울이 몰려옵니다.
가슴에 잠기는 노래는
하염없습니다.
잔인하게 타버린 사람들을
생각합니다.
밤이 깊었으니, 돌아가야 합니다.
아무것도 해준 것 없는
국가를 버리고 노동을 버리고
결국엔 혼자 남은 상처를 안고
죽은 별 하나를
바라보아야 합니다.
이를 악물고 죽거나
이를 악물고 살아야 합니다.
가슴이 저미도록 죽거나
가슴이 저미도록 살아야 합니다.

임성용